IMPERIALISMO

COLEÇÃO HISTÓRIA NA UNIVERSIDADE – TEMAS

Coordenação
Jaime Pinsky e Carla Bassanezi Pinsky

Conselho
João Paulo Pimenta
Marcos Napolitano
Maria Ligia Prado
Pedro Paulo Funari

CIVILIZAÇÕES PRÉ-COLOMBIANAS • Alexandre Guida Navarro
ESTADOS UNIDOS NO SÉCULO XX • Flávio Limoncic
GUERRA DO PARAGUAI • *Vitor Izecksohn*
IGREJA MEDIEVAL • Leandro Duarte Rust
IMPERIALISMO • João Fábio Bertonha
INDEPENDÊNCIA DO BRASIL • João Paulo Pimenta
JUVENTUDE E CONTRACULTURA • Marcos Napolitano
PRÉ-HISTÓRIA DO BRASIL • Pedro Paulo Funari e Francisco Silva Noelli
REFORMA E CONTRARREFORMA • Rui Luis Rodrigues
RENASCIMENTO • Nicolau Sevcenko
REVOLUÇÃO FRANCESA • Daniel Gomes de Carvalho
ROTA DA SEDA • Otávio Luiz Pinto
SEGUNDA GUERRA MUNDIAL • Francisco Cesar Ferraz
UNIÃO SOVIÉTICA • Daniel Aarão Reis

Proibida a reprodução total ou parcial em qualquer mídia sem a autorização escrita da editora.
Os infratores estão sujeitos às penas da lei.

A Editora não é responsável pelo conteúdo deste livro.
O Autor conhece os fatos narrados, pelos quais é responsável, assim como se responsabiliza pelos juízos emitidos.

Consulte nosso catálogo completo e últimos lançamentos em **www.editoracontexto.com.br**.

João Fábio Bertonha

IMPERIALISMO

HISTÓRIA NA UNIVERSIDADE – TEMAS

Copyright © 2022 do Autor

Todos os direitos desta edição reservados à
Editora Contexto (Editora Pinsky Ltda.)

Ilustração de capa
Anônimo, c. 1911.

Montagem de capa e diagramação
Gustavo S. Vilas Boas

Coordenação de textos
Carla Bassanezi Pinsky

Preparação de textos
Lilian Aquino

Revisão
Ana Paula Luccisano

Dados Internacionais de Catalogação na Publicação (CIP)

Bertonha, João Fábio
Imperialismo / João Fábio Bertonha. – 1. ed., 1ª reimpressão. –
São Paulo : Contexto, 2025.
160 p. : il.
(Coleção História na Universidade – Temas)

Bibliografia
ISBN 978-65-5541-210-9

1. Imperialismo 2. História I. Título II. Série

23-0663   CDD 325.32

Angélica Ilacqua – Bibliotecária – CRB-8/7057

Índice para catálogo sistemático:
1. Imperialismo

2025

Editora Contexto
Diretor editorial: *Jaime Pinsky*

Rua Dr. José Elias, 520 – Alto da Lapa
05083-030 – São Paulo – SP
pabx: (11) 3832 5838
contato@editoracontexto.com.br
www.editoracontexto.com.br

Sumário

O que é um império?.. 7

Impérios e capitalismo (séculos XVI-XIX) 13

Funcionamento e mecanismos imperiais (séculos XIX e XX) 45

Potências consolidadas (1875-1914) 75

Potências em ascensão (1875-1914) 99

Potências periféricas (1875-1914) 115

Renovação, colapso e renascimento dos impérios 135

Considerações finais 153

Sugestões de leitura 157

O que é um império?

Nossa sociedade vive saturada pela ideia de impérios e imperadores. Mesmo hoje, quando resta apenas um único imperador no mundo – o do Japão –, com poderes limitados, expressões derivadas do termo "império" continuam a ser utilizadas nos mais diferentes meios e com os mais variados significados. É possível, por exemplo, hospedar-se no Hotel Imperial em Viena, visitar a "cidade imperial brasileira", Petrópolis, discutir a oposição entre Império e República na série *Star Wars* ou assumir a posição de imperador em jogos de estratégia on-line.

O tema, contudo, não é um resquício do passado que recordamos como uma curiosidade, mas algo fundamental para a compreensão da história mundial: entender a trajetória humana é, em boa medida, entender a história dos impérios.

O que é um império? A imagem tradicional que temos é a de uma estrutura política com o poder concentrado nas mãos de um homem, o imperador, que exerce um domínio absoluto sobre povos e nações estrangeiros, sendo beneficiado economicamente com isso. Os impérios, se seguirmos essa imagem, estariam em permanente expansão ou, no mínimo, tentando impedir o crescimento dos rivais, sendo, portanto, militaristas e agressivos. Não espanta, nesse sentido, que o termo tenha adquirido, nos dias atuais, um tom negativo e até pejorativo.

O grande problema dessa imagem é que ela não consegue captar a diversidade e a variabilidade dos impérios no decorrer da história. Houve impérios em todos os continentes. As estimativas variam conforme os critérios utilizados, mas calcula-se que existiram entre 50 e 60 impérios na história da humanidade, desde o Acadiano, 4.500 anos atrás, até o Americano dos dias atuais. Uma experiência diversificada, englobando realidades históricas as mais diversas.

Houve impérios terrestres, como o Mongol e o Russo, e marítimos, como o Ateniense ou o das repúblicas marítimas italianas. Alguns surgiram quase por acaso e outros por vontade expressa de um governante, como Napoleão Bonaparte ou Ramsés II. Em alguns casos, eles se relacionaram ao impulso de certas religiões, como o islamismo ou o cristianismo, de difundir a sua fé e ampliar seu poder, mas, quase sempre, sua criação e expansão responderam a interesses mais concretos. Em alguns momentos, formar um império foi uma necessidade estratégica de determinados Estados desejosos de controlar de maneira mais eficiente seus vizinhos e garantir a sua segurança; na maioria dos casos, buscavam-se as riquezas dos povos vizinhos.

Alguns impérios procuraram garantir o máximo possível de homogeneidade cultural e religiosa em seu território, como o Bizantino, os islâmicos ou os ibéricos, enquanto outros foram mais tolerantes com a diversidade religiosa, desde que os impostos fossem pagos em dia, como os romanos antes de Constantino ou o Mongol. Alguns giravam em torno de um soberano absoluto, enquanto em outros o poder do imperador estava definido e limitado por lei; em outros ainda o imperador era uma figura decorativa ou com poderes limitados, como no Sacro Império Romano Germânico.

Em resumo, os impérios são uma constante na história. Nos vários continentes e épocas, imperadores e impérios fizeram parte da trajetória das mais diferentes sociedades, e a sua capacidade de sobrevivência e adaptação é espantosa. Os termos englobam, contudo, processos e experiências políticas e sociais variadas, cuja multiplicidade não pode ser esquecida. Por outro lado, é possível estabelecer denominadores comuns, definições mínimas, que permitem separá-los de outros tipos de Estado e de outros sistemas econômicos e sociais.

Na tradição ocidental, há dois conceitos principais de império. Um é relacionado ao poder supremo dentro de um dado Estado, em oposição à república e à democracia, um poder acima dos reis, das monarquias e dos Estados nacionais: o imperador é hierarquicamente superior a todos. O segundo, muito mais utilizado e abrangente, se relaciona a uma entidade política que domina grandes áreas e exerce a soberania sobre outros povos, outras culturas e nacionalidades, estabelecendo hierarquias e relações de poder desiguais. Ao contrário dos pequenos Estados e de outras unidades políticas, que ambicionariam no máximo a independência, e das grandes potências, que procurariam criar um ambiente internacional favorável a seus interesses, os impérios projetariam a dominação desse ambiente, em escala potencialmente global. Esses dois conceitos, na verdade, acabaram por se misturar: o império seria tanto o espaço dentro do qual um povo exerce seu poder sobre outros quanto esse poder em si, corporificado na figura do imperador.

Dessa forma, uma definição mínima de império pode ser elaborada: um império é, preferencialmente, uma monarquia, abarcando uma grande extensão territorial, exercendo a soberania sobre vários povos, culturas e nações, e canalizando recursos econômicos e financeiros para seu centro através de um elaborado sistema administrativo, de transportes e comunicações. O império também deve ser capaz de exercer o monopólio da força dentro do seu território e conter as ameaças que venham de fora. Ele legitima o seu poder a partir de valores universais, normalmente ligados à religião, e tem alguma capacidade assimilatória, apta a integrar ao menos parte dos dominados à nova ordem.

É importante ter em mente a longa história dos impérios, pois as experiências imperiais acumuladas sempre influenciaram as posteriores, como o exemplo do Império Romano na tradição ocidental indica com clareza. Também é fundamental reconhecer o divisor de águas que foi a expansão ultramarina europeia, a partir do século XVI, e a formação dos impérios coloniais modernos, os quais nutriram e prepararam o terreno para os impérios contemporâneos.

Este livro, contudo, trabalha especialmente com um período específico, ou seja, a *Era dos imperialismos*, entre as décadas finais do século XIX e as primeiras do século XX (1875-1914). Esse período de cerca de meio século foi diferente dos anteriores: não apenas os impérios adquiriram características particulares, distintas das experiências passadas, como também a dominação imperial adquiriu um novo significado e foi codificada em uma ideologia. Impérios e imperialistas (no sentido de defensores do imperador) sempre existiram, mas surgiu então o termo *imperialismo*, justamente para identificar a ampliação dos domínios territoriais europeus na Ásia e na África. Aqui, o foco principal, portanto, é esse período em que os europeus (assim como os japoneses e os americanos) se expandiram pelo mundo, com consequências que se estendem até os dias de hoje.

Ainda sobre a questão dos termos, é importante recordar a imensa diversidade de uso entre autores, correntes e épocas. Alguns termos também têm significados diferentes conforme o país, o idioma e a corrente historiográfica. Para evitar confusões, convém precisar, desde o início, a nomenclatura utilizada aqui. *Expansionismo* é a conquista de territórios no exterior por parte de um Estado para fins militares ou políticos, enquanto *colonialismo* identifica a formação de colônias, ou seja, espaços conquistados e controlados de forma direta, fora do território nacional. Já *colonialismo demográfico* é a prática de instalar cidadãos do próprio Estado ou nação em terras estrangeiras, formando enclaves juridicamente diferenciados e com pretensões de substituir a população original. *Práticas imperiais*, por sua vez, são as ações e os instrumentos que visam submeter povos estrangeiros à vontade de um Estado, mas sem controlá-los diretamente.

Imperialismo, em contrapartida, é o termo que define esse conjunto de práticas e ações que permitem a subordinação, formal ou informal, de povos e Estados a outros. Em linhas gerais, o termo pode ser usado para identificar vários fenômenos, da Antiguidade aos dias de hoje, mas no contexto deste livro, ele identifica o tipo particular de exploração colonial estabelecido pelos europeus (e, depois, por americanos e japoneses) nos séculos XIX e XX, assim como a ideologia que o justificava.

A organização do livro reflete a necessidade de resolver dois problemas centrais. O primeiro é fazer a ponte entre o período estudado, seus preliminares e seus desdobramentos. O nosso objeto é, como indicado, a Era dos imperialismos, cujo auge foi entre 1875 e 1914, mas que se prolongou até 1945. No entanto, os impérios e os imperialismos dessa época só fazem sentido a partir da experiência colonial europeia anterior, com início no século XVI, pelo que seria impossível esquecer a longa duração. Do mesmo modo, depois de 1945 tivemos aproximadamente três décadas de *descolonização*, que também devem ser abordadas para que o tópico central faça sentido. Por fim, a Era dos imperialismos foi sucedida pela emergência de novos tipos de imperialismo – como o europeu, o chinês e o americano – e essa contemporaneidade também não pode ser menosprezada. O livro procura, dessa forma, manter o foco em um período-chave, mas com as pontes necessárias com o antes e o depois.

O outro problema é dar conta da multiplicidade de experiências dos impérios e imperialismos do período sem perder o referencial geral. Há questões em comum a todos, mas é evidente que a experiência imperial não foi a mesma para, por exemplo, os Impérios Britânico e Japonês. Explorar em excesso as particularidades levaria a um enfraquecimento do quadro geral, enquanto enfatizar demais esse quadro geral poderia dificultar a percepção das particularidades.

Para enfrentar essas questões, este livro se organiza de forma cronológica e, do mesmo modo, do geral para o particular. O primeiro capítulo apresenta a formação dos impérios coloniais europeus desde o século XVI e a nova realidade entre 1875 e 1914, enquanto o segundo destaca a maneira pela qual esses impérios funcionavam. As perguntas que norteiam esses capítulos são basicamente três: qual a diferença entre os novos e os velhos impérios europeus? Por que houve uma renovada fase de expansão em fins do século XIX? Como os imperialistas organizavam e pensavam seus domínios? São capítulos gerais sucedidos por três capítulos, nos quais são estudados os principais impérios da época no seu período áureo, entre 1875 e 1914.

Esses três capítulos incluem os impérios consolidados, como o Britânico e o Francês, os ascendentes, como o Alemão e o Japonês, e os periféricos, como o Otomano e o Etíope. Isso permite que problemas e questões abordados de forma geral na primeira parte sejam trabalhados caso a caso. Esses capítulos seguem, portanto, uma abordagem convencional, já que seria impossível abordar os imperialismos sem mencionar os impérios consolidados e ascendentes e sua luta pela dominação global. Ao mesmo tempo, o foco nos impérios enfraquecidos ou em decadência é um diferencial deste livro, que visa indicar que o sistema imperial dos séculos XIX e XX não era simplesmente uma relação entre dominadores e dominados, mas também incluía atores intermediários, fracos e fortes simultaneamente.

O capítulo final, por sua vez, discute a renovação e a recomposição dos impérios depois da Primeira Guerra Mundial, incluindo as experiências nazista, fascista e japonesa, e a decomposição do sistema imperial depois de 1945. Por fim, chegamos ao momento contemporâneo e ao *novo imperialismo*, com a formatação de novos impérios, como o Americano, o Chinês, o Europeu e o Russo.

O que se apresenta, portanto, é um estudo com foco temporal preciso – 1875-1914 –, mas com pontes para o antes e o depois e com uma perspectiva global, enfatizando a ação europeia no mundo, mas dando voz aos dominados e a outros atores na periferia europeia, e na Ásia, na África e na América Latina.

O imperialismo clássico não existe mais, porém os impérios continuam a existir, e compreender a sua história é uma forma de entender o nosso próprio tempo.

Impérios e capitalismo (séculos XVI-XIX)

OS IMPÉRIOS DA ERA MODERNA E OS PRINCÍPIOS DO IMPERIALISMO

No decorrer da sua longa história, os impérios se revelaram plásticos o suficiente para funcionarem dentro e em paralelo aos mais diversos modelos econômicos, políticos e sociais. Os impérios puderam funcionar nos sistemas escravista, feudal, capitalista, liberal, comunista e em outros, pois são, acima de tudo, uma forma de gerir a diversidade e garantir a desigualdade entre um núcleo e suas periferias. No entanto, isso não significa afirmar que o modo de produção dentro do qual eles funcionavam era irrelevante: a forma dominante de produção econômica e da vida social tinha implicações na maneira com que os impérios nasciam, cresciam e morriam. É justamente no surgimento do capitalismo, na Era Moderna, que identificamos uma quebra na longa história dos impérios: eles sempre existiram, mas o império colonial no sentido moderno do termo começou a se delinear no século XVI, com os descobrimentos e as conquistas europeias. Os impérios da Antiguidade e do Medievo, por mais diversos que fossem, tinham especificidades. Eram baseados na exploração dos povos dominados no sentido mais direto da palavra, normalmente pela cobrança de impostos e tributos e pela escravização dos vencidos. É verdade que muitos impérios tinham nas taxas alfandegárias parte substancial das suas rendas e que alguns deles eram comerciais, mas a essência da atividade econômica continuava a ser a agricultura. Esses impérios também não se preocupavam em criar uma estrutura econômica unificada, mas apenas em interligar e garantir a comunicação das partes constituintes. No mesmo sentido, a colonização demográfica existia, como no caso romano, mas não era a prática comum. Os impérios antigos também não ambicionavam a administração direta e completa dos territórios ocupados, salvo poucas exceções, a qual era deixada, normalmente, nas mãos das elites conquistadas.

Os impérios antigos se caracterizavam ainda por terem uma relação mais íntima e direta com a religião e pelo fato de não terem alcance global. Eles colidiam e se relacionavam com frequência, mas esses atritos e relacionamentos se davam sempre em áreas próximas, como o Mediterrâneo, o Oriente Médio ou partes da África. Um *sistema global de impérios* também não existia: os impérios de Roma ou da China, por exemplo, tinham relações distantes e ambos nunca souberam da existência dos astecas ou dos maias.

O sistema moderno de impérios só surge na Era Moderna, com a unificação do mundo pelas grandes navegações e a criação de um modo de exploração colonial diferenciado.

OS IMPÉRIOS ENTRE 1500 E 1815

Na Era Moderna europeia, ainda seriam acalentados alguns sonhos de domínio universal e de reconstruir o Império Romano cristão. Contudo, com a Reforma Protestante e o fim da unidade religiosa no Ocidente, a ideia imperial acabou por ser nacionalizada: se a hegemonia imperial surgisse, não seria mais através do Papado ou do imperador do Sacro Império, mas por meio de uma das novas monarquias. Por outro lado, o fortalecimento concomitante desses mesmos reinos tornava difícil, senão impossível, a supremacia de um deles sobre os outros. De fato, os Bourbon, os Habsburgo e outras dinastias procuraram a supremacia imperial, mas acabaram derrotados.

Entre os séculos XVI e XVIII, foi se consolidando, no Ocidente europeu, a ideia de que, em termos de relações internacionais, os Estados nacionais eram os atores principais, e a natureza do relacionamento entre eles era inevitavelmente conflituosa e anárquica, pois todos buscavam a dignidade imperial, mas também impedir que os rivais a conquistassem.

Em outras palavras, a Era Moderna representou um rompimento com o passado medieval. Na Idade Média, como já indicado, imaginava-se a possibilidade de restauração do Império Romano sob os auspícios do Sacro Império Romano Germânico e da Igreja. Esse império organizaria, de forma hierárquica e vertical, as relações políticas e religiosas entre os vários reinos e monarcas. No mundo moderno – a partir do século XVI, mas principalmente do XVII, depois da Guerra dos Trinta Anos –, o sistema se horizontalizou: os Estados se legitimavam ao redor dos seus monarcas e do absolutismo, garantindo a sua legitimidade, e se convertiam em entidades soberanas, teoricamente iguais entre si. Eles se tornavam, dessa maneira, atores legítimos no cenário internacional, e as pretensões imperiais seriam possíveis apenas a partir da expansão de um desses Estados e não pela criação ou reforço de uma entidade supranacional. Além disso, na Era Moderna, países da Europa Ocidental exploraram o mundo e começaram a estabelecer colônias nos territórios além-mar, especialmente nas Américas.

Impérios que seguiam um modelo mais tradicional, de expansão em terras contíguas, como o Otomano e o Russo, continuavam a existir. Europeus já tinham tido experiências de expansão em territórios asiáticos ou africanos, como na Palestina durante as cruzadas, a experiência dos russos na Sibéria (onde comércio e colonização demográfica se complementavam) e a dos espanhóis no norte da África. A colonização europeia na América respondeu ainda a interesses comuns aos antigos impérios, como a busca de metais preciosos, a exploração dos recursos locais e a difusão da fé religiosa.

Contudo, o foco desses novos impérios marítimos era o comércio, e o modelo por eles criado, o *sistema colonial*, separava de forma clara uma metrópole, instalada na Europa, e as colônias, nas Américas. Criou-se, portanto, pela primeira vez na história, um sistema-mundo com centro na Europa, mas com ramificações globais, dentro do qual os principais atores seguiam uma doutrina de acumulação de riquezas semelhante, o mercantilismo. O termo "colonialismo" adquire, nesse momento, novo significado, e passa a indicar uma relação centro-periferia entre metrópole e colônia.

Seguindo a lógica mercantilista, a melhor medida de riqueza de uma nação é a quantidade de ouro e prata de que ela dispõe. Para obter esses metais, dois métodos estavam disponíveis: o saque direto das reservas americanas (como feito pelos espanhóis no Peru, na hoje Bolívia e no México ou pelos portugueses em Minas Gerais) ou pelo superávit comercial. As colônias, nesse sistema, serviam como produtoras de artigos tropicais (como açúcar e fumo) ou de peles, no caso da América do Norte, de alta demanda, para venda e revenda no mercado mundial. Além disso, as colônias consumiam produtos vindos da metrópole ou trazidos por seus navios, como os africanos escravizados. O déficit comercial das colônias ou de outros mercados era cobrado em ouro e prata, reforçando a riqueza da metrópole.

Assim, ao invés de saquearem simplesmente, como no passado, os europeus se estabeleceram no continente americano, mudando as estruturas produtivas locais de modo a garantir a exploração de ouro, prata, peles ou produtos tropicais. A *colonização demográfica* aconteceu em poucos locais, como nas colônias britânicas da América do Norte, mas o projeto europeu na América só frutificou pelo colapso demográfico das populações indígenas e pela imigração de colonos europeus para o continente americano, que se tornou um apêndice no sistema-mundo criado pelas potências europeias. A imigração de europeus foi, portanto, fundamental para criar as estruturas coloniais mesmo em lugares onde a colonização demográfica não ocorreu, como no México ou no Peru. Na Ásia ou na bacia do Índico, portugueses ou holandeses continuavam a ser essencialmente comerciantes, mas, na América, os europeus iniciavam uma experiência imperial diferente em escala e abrangência, incluindo a importação maciça, na costa atlântica, de mão de obra escravizada africana.

O grau de autonomia das novas colônias variava, obviamente, conforme condições particulares. Muitas vezes, o domínio colonial era uma posse particular do rei, em outros momentos, particulares obtinham certas facilidades e privilégios para explorar um dado território como representantes do monarca, ou ainda eram criadas empresas privadas para a exploração de determinados recursos. A privatização da exploração imperial foi, na verdade, muito comum no período moderno, bastando recordar as várias companhias privadas para o comércio com a Índia e o Oriente criadas pelos Estados europeus e outras experiências mais específicas, como as capitanias hereditárias no Brasil ou a Hudson's Bay Company e a Virgínia Company na América do Norte. Elas sempre trabalhavam, contudo, em paralelo e em associação com seus Estados.

Os habitantes nativos ou os africanos escravizados eram a mão de obra a ser explorada para a obtenção de riquezas, mas, em muitos casos, os indígenas foram reconhecidos como súditos reais ou sujeitos jurídicos, passíveis de assinar tratados e entabular negociações. Já os descendentes dos europeus, nascidos nas Américas, participavam de forma ativa e ficavam com parte dos lucros do sistema colonial – especialmente os grandes proprietários de terras e comerciantes –, mas com menos privilégios e direitos do que os residentes nas metrópoles, o que acabaria por gerar conflitos que, a partir do fim do século XVIII, levariam à independência dessas colônias.

O princípio monárquico então vigente facilitava a expansão do poder do rei sem grandes problemas, já que um território podia ser incorporado ao domínio do rei sem necessariamente ser anexado: a monarquia composta podia ser estendida de forma indefinida mantendo as especificidades locais. Dessa maneira, por exemplo, o rei espanhol Filipe II pôde se tornar rei de Portugal em 1580 sem que isso significasse a fusão dos dois domínios. Os monarcas iam agregando títulos e prerrogativas, reunindo territórios com identidades jurídicas, privilégios e costumes diferentes, inclusive com um sistema de representação próprio (Cortes e Assembleias) para cada reino, província ou outra entidade política.

No caso das colônias americanas, contudo, isso geralmente não ocorria, num indício de como as possessões na América eram vistas de outra forma. Os colonos americanos, súditos da Inglaterra, acabaram se revoltando por não terem representação no Parlamento em Londres, e representantes dos vice-reinos da América só foram incorporados às Cortes em Lisboa e Madri no início do século XIX, como uma tentativa de último momento para diminuir o ímpeto pela independência. Por mais que os habitantes do Brasil, do México ou das "13 colônias" se sentissem fiéis súditos de seus reis, o fato é que o sistema colonial então montado deixava europeus e americanos em posições hierarquicamente distintas.

Esses novos impérios eram, portanto, herdeiros dos modelos anteriores, compartilhando com eles elementos como o desejo de glória e poder, a busca de riquezas e a hierarquização de povos e culturas em favor de um centro. Eles também eram, contudo, novidades, pois o mundo estava agora articulado ao seu redor. Os impérios europeus, nesse sentido, competiam de forma a canalizarem para si toda a riqueza disponível, mas também faziam parte de um mesmo sistema que privilegiava a Europa Ocidental em detrimento das outras partes do mundo, incluindo as partes periféricas da própria Europa.

Os grandes impérios europeus ao final do século XVIII

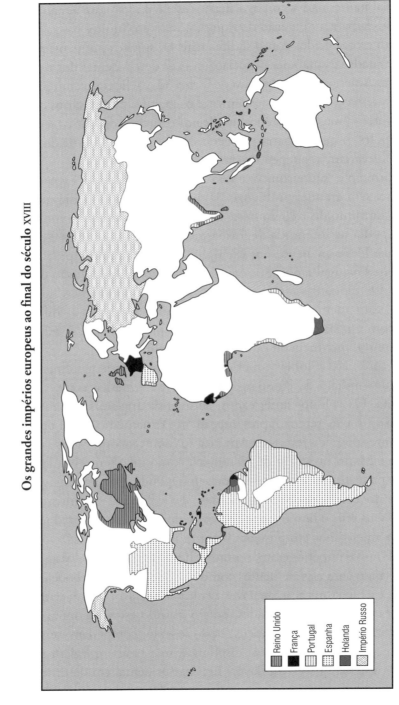

Mesmo com a independência dos Estados Unidos em 1776, a América continuava sob controle quase completo dos europeus. As colônias na Ásia e na África ainda eram incipientes, com exceção da Índia. Em poucos anos, esse cenário se alteraria radicalmente.

Os primeiros impérios desse novo tipo a se formarem foram os de Portugal e Espanha. Portugal manteve, no século XVI, uma forte presença comercial, normalmente mediada por entrepostos militares e comerciais, na África e na Ásia, e o domínio naval no Atlântico e no Índico, além de começar a ocupação daquela que seria a sua maior colônia, o Brasil. A Espanha se estabeleceu no imenso espaço entre a Califórnia e a Patagônia, com especial presença no México e no Peru, concentrando-se na exploração mineral. A rede comercial criada pelos ibéricos foi fundamental para sustentar as guerras dos Habsburgo contra a França, os protestantes e o Império Otomano: a prata e outras riquezas extraídas nas Américas financiavam os navios, as armas e os soldados com que os Habsburgo defendiam os seus interesses.

Já nesse período, a Holanda era crucial, como centro de comércio e rival no controle dos mares. No século XVII, a hegemonia holandesa se consolidou, ainda que sob constante questionamento das potências ibéricas, de franceses e ingleses. No século XVIII e no início do XIX, por fim, os impérios ibéricos e o holandês perderam força, e a grande luta pelo controle dos mares passou a se dar entre a França e a Inglaterra, luta essa que terminaria com a vitória britânica em 1815.

O início do século XIX representou efetivamente um momento de virada. À estabilidade na Europa através do equilíbrio entre as grandes potências se associou o domínio naval e comercial dos britânicos, que se estendeu por todo o globo. Além disso, as antigas colônias portuguesas e espanholas do continente americano haviam se tornado – na esteira das grandes transformações mentais e políticas e das mudanças na geopolítica global trazidas pela Revolução Francesa e por Napoleão Bonaparte – independentes e passaram a fazer parte, de maneira informal, do império financeiro e comercial britânico. O sistema colonial formado nas grandes navegações não foi, contudo, completamente perdido entre os séculos XVIII e XIX, já que o Canadá, a Índia, vários territórios na África e na Ásia e mesmo na América Latina (como Cuba e as ilhas do Caribe, com exceção do Haiti) continuaram em posse dos europeus. Mesmo assim, era evidente que o antigo sistema imperial euroamericano havia entrado em colapso.

Observar o mapa do mundo de 1815, quando Napoleão Bonaparte foi finalmente derrotado, indica claramente isso. Com exceção do Império Britânico – que havia perdido os Estados Unidos, mas mantido e expandido suas possessões na Índia e na África do Sul, suas zonas de colonização demográfica na Austrália e no Canadá, além de inúmeras ilhas e pontos estratégicos, para uso da Marinha, ao redor do mundo –, o único dos antigos impérios que ainda estava intacto era o Russo. Os russos haviam formado um império em terra, desde a Idade Média, ao mesmo tempo que países europeus construíam os seus nas Américas. Esse império se preservou e continuou a crescer, na direção da Europa, da Ásia e mesmo da América, no Alasca. Os holandeses também conseguiram territórios na hoje Indonésia, apesar de ocuparem apenas uma pequena parte dela. Já o Império Português se reduziu ao litoral de Angola e Moçambique, o Espanhol a Filipinas, Cuba e Porto Rico e o Francês a zonas litorâneas da África Ocidental, além de algumas ilhas no Caribe. Aquele mundo criado a partir de 1492 tinha chegado ao final nas primeiras décadas do século XIX e um novo se delineava.

A CRIAÇÃO DOS NOVOS IMPÉRIOS EUROPEUS (1815-1875)

Após as Guerras Napoleônicas, o Reino Unido tinha amealhado elementos de poder que lhe garantiam um grau inédito de hegemonia sobre as outras nações e impérios europeus. Seu sistema financeiro e comercial era o maior do mundo e a Royal Navy (a Marinha Real) controlava todos os oceanos. Seu império continuava a crescer pela colonização demográfica do Canadá e da Austrália e pela expulsão de todos os seus rivais da Índia. Além disso, era no Reino Unido que se dava a Revolução Industrial, a qual, revolucionando os processos produtivos, fazia dos produtos ingleses os mais baratos e abundantes, capazes de competir em todos os mercados.

Na primeira metade do século XIX, os britânicos e os outros europeus debateram intensamente sobre qual era a política econômica mais favorável em termos de comércio internacional. O debate girava em termos de protecionismo *versus* livre mercado e colonialismo *versus* anticolonialismo. Os anticolonialistas, naquele momento, eram essencialmente os liberais, seguidores de Adam Smith (1723-1790) que rejeitavam o antigo sistema colonial em favor de uma perspectiva de *livre-comércio* ou que aceitavam apenas a colonização demográfica, vista como mais adequada para fomentar novas áreas produtoras e consumidoras e parcerias, sem custos excessivos de manutenção para o Estado e sem demandar mão de obra escrava.

Por definição, nada poderia ser mais anticolonial do que a perspectiva do livre-comércio. A livre circulação de mercadorias e capitais seria, em princípio, benéfica às empresas capitalistas que se expandiam por toda a Europa e a América do Norte. Abrir os portos, reduzir ou zerar tarifas alfandegárias e abolir os monopólios fariam triunfar a lei da divisão do trabalho internacional (pela qual cada país ou região do mundo deveria produzir o que melhor tinha condições), e espalhar o progresso e a civilização pelo mundo.

Para os outros países também em desenvolvimento industrial, todavia, essa opção de ser o segundo em um mundo de hegemonia britânica era menos palatável. Os outros europeus não deixavam de assinalar a hipocrisia dos ingleses, já que Londres advogava o livre-comércio e a competição aberta, mas tomava medidas para controlar os mecanismos e as vias de comunicação por onde esse tráfico de mercadorias se daria e para dificultar aos outros competidores o acesso aos principais mercados.

De fato, o princípio do livre-comércio estava articulado com a política de força que só o domínio dos mares pela Marinha Real podia exercer: os que não aceitassem o livre-comércio segundo os parâmetros ingleses ou se recusassem a contrair e pagar dívidas nos termos britânicos seriam forçados a tanto pelo poder dos navios de guerra britânicos. Para o Reino Unido, ser a favor da chamada livre competição fazia sentido quando era ele quem tinha a maior estrutura industrial e financeira, dominava militarmente os oceanos e imprimia a mais importante moeda para as trocas internacionais, a libra esterlina. As vantagens competitivas britânicas eram tamanhas que Londres podia dizer-se a favor de um mundo livre para os que quisessem competir, já que era ela quem fazia as regras do jogo e, quando necessário, as modificava a seu favor. Era evidente, portanto, que o livre-comércio só se dava nos termos britânicos e em seu benefício.

Até por isso, surgiu, em oposição aos princípios liberais, uma *escola nacionalista de economia política*, a qual afirmava que o próprio livre-comércio era uma prática imperial, já que congelava as relações de poder e econômicas em benefício da potência dominante. Segundo essa perspectiva, o progresso econômico de uma nação viria da conversão de uma economia agrícola para uma industrial, mas tal conversão seria impossível em um cenário de livre-comércio e individualismo, já que a potência estabelecida teria condições de eliminar a concorrência antes mesmo que ela se manifestasse, fosse por meios militares, fosse pela simples qualidade e baixo preço dos seus produtos. A solução, seguindo essa doutrina, era a ação de cada Estado para proteger a economia nacional e fornecer os requisitos – como infraestrutura (ferrovias, portos, estradas), financiamento e mercados protegidos – para o desenvolvimento do país até que as condições de competição melhorassem. Já no final do século XVIII, o secretário de Tesouro dos Estados Unidos, Alexander Hamilton (1755-1804), apresentou essa proposta, mas foi o economista alemão Friedrich List (1789-1846) que, em 1835, a sistematizou. Fica claro, portanto, que o mundo ideal proposto pela hegemonia britânica não era bom o suficiente para todos. As tarifas alfandegárias para a proteção das economias nacionais só seriam adotadas pelos rivais da Inglaterra décadas depois, mas a percepção de que o exemplo inglês deveria ser seguido levou outras potências a se lançarem às suas próprias aventuras imperiais, ainda durante o período da hegemonia britânica.

Os Estados Unidos, por exemplo, continuaram o seu expansionismo e a colonização demográfica no oeste do continente norte-americano, enquanto a Rússia fazia o mesmo na direção inversa, na Ásia. A França, como será visto posteriormente, fez várias intervenções na América Latina e projetou um império seu, informal, na região, com centro no México. Também a Espanha perseguiu um renovado sonho imperial a partir dos anos 1850 e fez um imenso esforço para proteger a sua grande colônia remanescente, a ilha de Cuba, de elevada importância para a economia espanhola.

Cumpre recordar como as experiências dos europeus nos anos entre a Revolução Francesa e o fim da Guerra Civil nos Estados Unidos, ou seja, entre 1789 e 1865, foram chave para remodelar e preparar o terreno para a Era dos imperialismos. Foi depois da independência dos Estados Unidos que os britânicos entenderam que não seriam capazes de exercer um controle direto sobre as colônias de povoamento branco e aceitaram conceder uma autonomia quase total para elas. Do mesmo modo, a França e outras potências europeias entenderam, após a reunificação dos Estados Unidos, em 1865, e o fim do império de Maximiliano no México em 1867, que uma nova superpotência estava para surgir e que a América Latina estaria inevitavelmente sob o seu controle. Isso fez com que as ações imperialistas europeias nesse continente diminuíssem de intensidade, ao mesmo tempo que aumentavam na Ásia e na África, até como forma de compensação. Portugal e Espanha também aprenderam com a perda de suas colônias americanas e procuraram compensar com a expansão dos seus antigos territórios coloniais na África, enquanto o Japão olhava para as experiências imperiais da Europa com vistas a construir seu próprio modelo.

Por volta de 1875, finalmente, o cenário mundial se alterou com ainda mais rapidez. Ao mesmo tempo que ideias ligadas à modernidade (democracia liberal, nacionalismo, liberalismo) avançavam na maior parte dos países europeus, a economia mundial sofria transformações relevantes: a sociedade industrial se espalhava pela Europa Ocidental, por Estados Unidos, Rússia e Japão, e os efeitos disso começaram a ser sentidos em todas as partes do globo. Se impérios existiram desde muito tempo, agora chegava uma era nova, a dos imperialismos.

CAPITALISMO LIBERAL, MONOPOLISTA E IMPERIALISMO

A expansão da Europa nas três décadas finais do século XIX foi tão rápida que espantou até mesmo povos acostumados com a construção de impérios, como os próprios europeus. Se em 1850 os europeus controlavam cerca de 30% da superfície do globo, esse número havia sido ampliado, meros 30 anos depois, para 80%. A África e a Ásia tinham sido retalhadas pelas potências europeias e outras partes do globo estavam sob a sua influência indireta, como a América Latina, o Império Otomano e a China. Vários pensadores se mobilizaram para explicar essa nova fase do expansionismo europeu, mas duas escolas de pensamento logo se tornaram dominantes: a *liberal* e a *marxista*.

Um dos maiores nomes do debate foi o economista liberal inglês John Hobson (1858-1940), no seu famoso livro *Imperialism, a study* (Imperialismo, um estudo), de 1902. Na interpretação de Hobson, o capitalismo da sua época havia abandonado a sua faceta liberal e se convertido em um conjunto de grandes empresas e monopólios que, para disporem de mercados consumidores e locais de investimento, teriam levado os Estados a uma "corrida colonial". Para ele, isso significava a formatação de um novo mercantilismo, já que se eliminava a concorrência entre empresas e países em favor do lucro garantido pelo monopólio. Hobson considerava que o imperialismo não resolvia o problema central do capitalismo (ou seja, o fato de a produção exceder o consumo) e tinha o potencial de destruir até mesmo os próprios capitalistas, pois o dinheiro fácil inevitavelmente eliminaria o espírito de iniciativa e as qualidades positivas dos empreendedores. Para ele, seria melhor, para o próprio sistema capitalista, taxar os monopólios e os grandes empresários, redistribuir a renda dentro de cada país através do Estado e garantir um mercado de consumo de massas sem a necessidade de saquear outros povos.

Hobson influenciou autores liberais britânicos defensores do livre mercado, inimigos do imperialismo britânico na Alemanha e nos Estados

Unidos, e até mesmo os trabalhos da filósofa Hannah Arendt (1906-1975) sobre o totalitarismo décadas depois. A sua maior influência, contudo, foi na tradição marxista, que se apropriou de suas ideias, mas alterou suas conclusões e suas premissas liberais.

Na tradição que veio de Marx, o imperialismo se tornava algo inevitável dentro de um sistema capitalista que se transformava em monopolista, dominado por cartéis e monopólios, o qual, para assegurar a continuidade da sua existência, apelava à anexação de terras e populações em outros continentes, submetidas a um sistema de exploração colonial. Autores marxistas, como Rosa Luxemburgo (1871-1919) e Rudolf Hilferding (1877-1941), concordavam que o imperialismo, como manifesto nos séculos XIX e XX, era um subproduto de uma nova fase, monopolista, do capitalismo. As discordâncias entre eles normalmente giravam ao redor da definição de qual elemento tinha sido o essencial para explicar o novo imperialismo (busca de mercados, locais para o investimento do capital ou a queda da taxa de lucro) e qual seria o resultado dessa fase imperial para o sistema capitalista.

O mais influente entre os autores marxistas foi, de forma inegável, Lenin (1870-1924), especialmente através do seu livro de 1916 – *O imperialismo, estágio superior do capitalismo*. Baseando-se em Hobson, ele discordava de análises como as de Karl Kautsky (1854-1938), para quem os conflitos imperialistas entre as potências capitalistas cessariam quando eles se tornassem não rentáveis, e afirmava que o imperialismo era um estágio inevitável do desenvolvimento capitalista, principalmente na sua fase monopolista. Para Lenin, o excesso de capitais disponíveis, a falta de mercados e a consequente queda da taxa de lucros levavam os capitalistas a forçarem seus Estados à "corrida colonial". Afirmava ainda que o resultado inevitável do imperialismo seria a guerra entre as grandes potências, que, aliás, já estava a acontecer quando ele escrevia: a Primeira Guerra Mundial. Essa guerra enfraqueceria o capitalismo e prepararia o advento do socialismo.

A tradição *liberal*, que tem no economista Joseph Schumpeter (1883-1950) o seu maior nome, seguiu o caminho oposto a partir de dois pressupostos analíticos fundamentais. O primeiro é que o mundo do século XIX não era tão dominado pelo sistema capitalista como suposto pelos marxistas, e que o poder das antigas elites agrárias e nobres ainda tinha que ser levado em consideração. E, em segundo lugar, que o capitalismo seria um sistema que preza a concorrência e o livre mercado, e não poderia haver uma negação maior a isso do que a conquista de territórios para a exploração exclusiva. A busca pelos impérios teria sido iniciativa de quem realmente dava as cartas na Europa naquele momento, as elites agrárias e nobres, em sua busca por valores antigos – poder, glória e orgulho nacionais – e para conter os ímpetos liberais, democráticos e socialistas que surgiam no interior de suas sociedades.

Nenhuma das duas perspectivas é integralmente correta ou falsa. A tradição marxista acabava por atribuir um caráter mecânico ao imperialismo, esquecendo-se de valores outros que também conduziam os europeus à expansão imperial. A visão liberal, por sua vez, trabalhava com uma imagem idealizada do capitalismo como essencialmente liberal, avesso à proteção estatal e defensor da concorrência irrestrita. Na prática, o motor do capitalismo é a busca do lucro incessante e, se a proteção estatal ou o monopólio podem gerar maiores lucros, a maior parte dos capitalistas não vê grandes problemas em abandonar as regras do livre mercado ou a concorrência irrestrita.

Particularmente na segunda metade do século XIX, essa perspectiva se tornou cada vez mais dominante: grandes cartéis e monopólios começaram a comandar a economia capitalista em todos os países avançados (e, com especial força, nos Estados Unidos) e o mundo anterior, de pequenos empresários competindo em um mercado livre, foi sendo paulatinamente substituído pelo da grande indústria. Além disso, a reforçar a visão marxista, está o fato inegável que apenas países industrializados se tornaram imperialistas no período anterior à Primeira Guerra Mundial. A visão liberal, portanto, não tem uma base sólida na realidade, e a marxista, nesse ponto, tem mais consistência, pelo que devemos explorá-la com mais cuidado.

Capitalismo industrial e financeiro

Não é este o espaço para discutir em profundidade a história da Revolução Industrial. No entanto, é oportuno recordar que ela foi uma filha do capitalismo, mas, ao mesmo tempo, o modificou. Na Era Moderna e durante a maior parte do século XIX, a base do sistema capitalista (e dos impérios marítimos) era o comércio. O lucro era obtido através do transporte e da venda de manufaturas fabricadas na Europa ou de *commodities* agrícolas produzidas nas grandes plantações de produtos tropicais no continente americano.

A partir do final do século XVIII, contudo, desenvolveu-se, na Inglaterra, um novo modelo de produção de mercadorias que acabou por revolucionar não apenas a economia, mas também toda a sociedade. Através da adoção de máquinas, de novas fontes de energia e da reorganização do mundo do trabalho, criou-se um novo mundo, uma nova sociedade. Surgiu uma nova classe social, o operariado, e o lucro passou a ser obtido por meio do investimento em unidades fabris, as fábricas, que permitiam a produção maciça de artigos manufaturados. O cultivo de produtos tropicais e o comércio em si continuaram fontes essenciais do lucro, mas ele passou a ser obtido, cada vez mais, pela produção fabril acelerada e em massa de mercadorias e pela circulação de capital. Esta, especialmente, era uma grande novidade: grandes lucros eram obtidos, agora, através de empréstimos, seguros e investimentos em empresas e países, os quais geravam juros e dividendos para empresas e pessoas. Não é à toa que, no século XIX, quase todos os romances publicados na Inglaterra ou na França, por exemplo, têm como protagonistas um ou mais personagens que vivem de rendas, normalmente títulos da dívida pública ou dividendos de empresas e bancos que atuavam no exterior.

A Revolução Industrial rompeu com vários limites que sempre haviam sido parte da existência humana: o tempo, o espaço e a escassez. Além disso, promoveu uma nova divisão internacional do trabalho, entre produtores de artigos industriais e provedores de capital e aqueles que forneciam matérias-primas, produtos agrícolas e absorviam capitais e produtos manufaturados. Essas modificações radicais no tempo, no espaço e na própria noção de produção e de produtividade dariam os contornos para o novo imperialismo.

A primeira barreira rompida: o tempo. À medida que redes de telégrafo e, posteriormente, telefônicas se espalharam pelo mundo, tornou-se possível enviar e receber mensagens em um intervalo cada vez mais curto de tempo. Antes, na Era Moderna, as notícias circulavam com lentidão; mesmo acontecimentos importantes, como a vitória em uma batalha ou a morte de um rei, podiam demorar meses ou até anos para chegar a pontos mais afastados. Com os novos meios de comunicação, comerciantes podiam saber imediatamente da demanda por seus produtos em uma cidade ou país além-mar, famílias se comunicavam com parentes em locais distantes e os Estados podiam enviar suas ordens e instruções com rapidez aos pontos mais afastados do seu território. Além da barreira do tempo, rompeu-se também a do espaço. O navio a vapor e, acima de tudo, as ferrovias permitiram uma redução substancial no custo e no tempo necessário para transportar pessoas e bens pelo mundo. Viagens entre cidades que, no século XVIII, levariam semanas, agora podiam ser feitas em dias ou mesmo horas.

A Revolução Industrial também permitiu a superação de antigos limites para a produção de mercadorias. Até esse momento, a sociedade europeia – e mundial – tinha vivido dentro dos limites da economia tradicional, agrícola, em que a fome e a escassez eram frequentes. Apenas uma fração minúscula da população estava envolvida em atividades comerciais, manufatureiras ou de serviços, e mesmo ela dependia dos ritmos da agricultura. Com as novas tecnologias e a nova divisão do trabalho, esses limites foram rompidos e, ao menos em teoria, o crescimento econômico e das riquezas poderia tender ao infinito. No entanto, essa perspectiva não se realizou plenamente. O sistema capitalista tem uma contradição básica, a qual se manifestou com ainda mais força na sua fase industrial. De um lado, ele é muito eficiente na incorporação de novas tecnologias, em reorganizar o mundo do trabalho (aumentando a produtividade) e, portanto, na produção maciça de bens. Por outro, já que ele busca diminuir seus custos ao máximo, a sua tendência natural é de manter os salários dos seus operários e empregados os mais baixos possíveis. Isso gera crises de superprodução, ou seja, os produtos industriais se tornam mais baratos, mas os trabalhadores nem sempre têm condições de comprá-los. Como consequência: estoques de produtos não vendáveis (por falta de consumidores capazes de adquiri-los) e queda acentuada na taxa de lucro.

Isso aconteceu inicialmente com as duas primeiras grandes indústrias transformadas pela mecanização: a têxtil e a ferroviária. No caso da produção têxtil, o processo de transformação completa do setor levou cerca de 80 anos, atraindo enormes investimentos em busca de lucros. No entanto, o próprio aumento de produtividade causou uma queda abrupta dos preços dos tecidos e uma saturação dos mercados, diminuindo o lucro.

Já as ferrovias foram o símbolo, o motor e a consequência da Revolução Industrial. Sua expansão pelo mundo absorvia enormes quantidades de ferro e aço, e estimulava a modernização da mineração e da siderurgia. Ao mesmo tempo, permitia um aumento expressivo da produtividade da economia como um todo (pela conexão rápida e eficaz de mercados e centros produtores), absorvia os capitais produtivos e gerava imensos lucros. Em 1840, a Europa tinha apenas 2.925 quilômetros de ferrovias, número ampliado para 51.862, 20 anos depois, e 282.525, em 1900. A malha ferroviária também se expandiu de forma impressionante nos Estados Unidos e no Canadá. Entretanto, no momento em que as linhas viáveis já tinham sido construídas, o sistema perdeu vigor: linhas sem viabilidade econômica (ou seja, sem tráfego suficiente para compensar os custos de construção e manutenção) haviam sido construídas e a lucratividade do setor desabou, gerando, também aqui, queda nos lucros e falta de perspectivas de retorno ao capital acumulado. Assim, a indústria ferroviária, que tinha sido um grande negócio para todos aqueles com recursos para investir, não pagava mais bons dividendos nem proporcionava mais tanto lucro.

Nas décadas de 1870, 1880 e 1890, portanto, o sistema capitalista como um todo estava em crise, com a produção superando o consumo e a taxa de lucro em queda. Na realidade, em termos de produção bruta, não havia sinais disso, pois entre 1870 e 1890, a produção de ferro dos 5 principais produtores multiplicou-se por 5 e a de aço por 20. O comércio e o investimento internacionais também cresceram exponencialmente e a agricultura passou por uma revolução: não apenas novas tecnologias aumentavam a produtividade, como também novos produtores – Canadá, Estados Unidos, Rússia, Argentina e outros – entravam no mercado, graças aos transportes mais baratos. A grande questão é que esse aumento da produtividade era justamente o que provocava queda dos preços e dos lucros. Em outras palavras, o que estava em jogo, de fato, não era o aumento da produtividade, mas a lucratividade.

Além disso, a concorrência aumentava: as empresas belgas, francesas, italianas e de outros países europeus, desenvolvidas com o apoio dos seus respectivos Estados, começavam a disputar mercado com as britânicas, o que acentuou ainda mais a queda dos lucros. Estados Unidos e Alemanha, os quais, na virada do século XIX para o XX, já haviam ultrapassado a Grã-Bretanha na produção industrial, se tornavam líderes nos setores industriais de ponta, como o químico, o elétrico, o automobilístico, entre outros.

Uma resposta para esse contexto de baixa lucratividade e maior concorrência foi a concentração econômica. Buscou-se, de um lado, racionalizar o processo produtivo através de novos modelos de organização do trabalho (como o taylorismo) para diminuir custos e, de outro, eliminar a concorrência excessiva via fusões, acordos e outros mecanismos para recuperar a lucratividade por meio do controle do mercado. Surgiram assim os trustes, os monopólios e os oligopólios, os quais, se não eliminaram a concorrência em certos setores da economia mundial, tornaram-se muito presentes em outros, especialmente na indústria pesada, como a ferroviária, a do carvão ou do aço, além dos bancos.

Coube aos Estados nacionais, contudo, encontrar soluções mais permanentes para ajudar os "seus" capitalistas, deixando para trás os princípios abstratos da livre concorrência e do livre-comércio: a era do liberalismo econômico, sob a égide britânica, seria enterrada de vez nesses anos.

E, afinal, como a economia capitalista acabou por se recuperar dessa crise? As causas dessa recuperação ainda são objeto de debate, mas o importante a observar aqui é que as pessoas que viveram a Grande Depressão de 1873-1896 a viam como uma crise quase terminal, o que fez com que os que dispunham de força política, como os industriais e os comerciantes, buscassem o auxílio do Estado. O fato é que, de ponta a ponta, o período entre 1850 e 1914 seria de intenso desenvolvimento econômico; não foi à toa, portanto, que a época anterior à Primeira Guerra Mundial ganhou o nome de *Belle Époque*, a Bela Época.

O NOVO IMPERIALISMO

O Estado sempre havia apoiado empresários e comerciantes, mas, em um cenário em que o sistema liberal ia se afirmando, as possibilidades de esses grupos pressionarem o governo em favor de seus interesses ficavam maiores. Afinal, no sistema liberal do século XIX, os mais capazes de influenciar o sistema político eram justamente os donos do dinheiro, e os Estados eram permeáveis à sua influência, enquanto grupos desprovidos de poder político – como os pequenos agricultores e os operários – permaneciam à margem das decisões. Além disso, dentro de um contexto de rivalidades nacionalistas, a saúde das empresas capitalistas passou a ser vista como equivalente à saúde do Estado e da nação, o que estimulava os governantes a buscar soluções políticas para os problemas econômicos.

Esse apoio do Estado viria através de diversos mecanismos e estratégias. Em primeiro lugar, ele assumiu a posição de "comprador em última instância", subsidiando as ferrovias e montando imensas máquinas militares, as quais consumiam grandes quantidades de produtos industriais. A Marinha, especialmente, demandava tanto aço para os seus navios que não espanta que a indústria siderúrgica tenha sido, em vários países, uma das maiores financiadoras das Ligas Navais, defensoras da existência de Marinhas de guerra poderosas. Obviamente, os Estados não aumentaram suas forças militares simplesmente para que as empresas pudessem lucrar, mas os negócios feitos com as forças militares eram bem-vindos e se tornavam crescentemente uma parte importante das economias industriais. Basta lembrar, a propósito, que empresas famosas, como a Krupp alemã ou a Armstrong britânica, se tornaram gigantes industriais justamente fabricando canhões e metralhadoras.

O Estado também passou a oferecer apoio financeiro e proteger, com tarifas alfandegárias, setores-chave da economia. Com a exceção da Grã-Bretanha, as outras potências industriais passaram, desde os anos 1870, a taxar os produtos importados, com taxas que iam, em 1914, dos 4% da Holanda aos 38% da Rússia. Em 1897, a taxa dos Estados Unidos chegava, na média, a 57%. A circulação de capitais e mão de obra continuou livre, mas a de produtos passou a ser bastante restringida, ainda que, no cômputo global, o comércio internacional continuasse a crescer. Nesse sentido, aliás, a maioria dos Estados europeus optou por apoiar (ou, ao menos, não colocar grandes obstáculos) a emigração dos seus cidadãos, que então cresceu nos países de emigração tradicionais (como a Irlanda, a Alemanha e a Grã-Bretanha), mas também na Itália, nos países ibéricos e no Leste Europeu.

Por fim, o Estado passou a considerar essencial conseguir novos territórios que trouxessem vantagens às empresas. É difícil estabelecer relações de causa e efeito precisas, como se a evolução do capitalismo gerasse automaticamente a repartição colonial do mundo. Mas a evidência disponível indica que há uma relação direta entre a maior competição entre empresas e países e os esforços imperialistas. Todas as novas nações industriais emergentes adorariam se tornar dominantes em termos internacionais e assumir o papel da Grã-Bretanha: o livre mercado sempre é defendido pelos que estão em condições de dominá-lo. Como isso na prática era impossível, os recém-chegados partiram para a aquisição de territórios e a própria Grã-Bretanha, ao perceber que seria excluída do mundo caso não copiasse os rivais, abandonou a sua perspectiva liberal e também começou a anexar áreas imensas do globo. A lógica era simples: as empresas teriam vantagens com a expansão colonial e, consequentemente, imaginava-se que seus Estados também seriam beneficiados: a economia era assunto privado, mas o sucesso empresarial era visto como parte integrante da vitalidade nacional da metrópole.

A expansão colonial imperialista traria inúmeras vantagens para as empresas e as economias nacionais. Em primeiro lugar, elas não sofreriam as restrições impostas por outros países e, ao mesmo tempo, seriam capazes de estabelecer limites para a entrada de produtos fabricados pelos concorrentes. Essas restrições nunca foram absolutas, tanto que os produtos químicos e ópticos alemães, por exemplo, avançavam, pela sua alta qualidade, até mesmo nos mercados nacionais da França e da Inglaterra. Os canadenses, por sua vez, apesar de serem parte do Império Britânico, tinham um comércio intenso com os Estados Unidos. Ainda assim, as restrições formais ou informais ajudavam a fazer do território colonial uma "reserva de mercado" fundamental para as empresas nacionais da metrópole, especialmente em tempos de crise.

Não espanta, nesse sentido, que a Índia fosse considerada a joia da Coroa Britânica, já que suas centenas de milhões de habitantes seriam público cativo para a produção manufatureira inglesa. Ou que a China levasse a sonhos de um mercado consumidor infinito. Afinal, como se especulava na época, se cada chinês comprasse uma caixa de fósforos ou um chapéu, estaria garantida a carteira de pedidos de setores industriais inteiros na Europa. É verdade que, em boa medida, esses sonhos de um consumo infinito através das colônias não passavam pela prova da realidade (a esmagadora maioria dos chineses, dos indianos ou dos africanos vivia em limite de subsistência, sem capacidade real de consumo), mas, em uma era de competição acirrada, a perspectiva era atraente demais para ser ignorada.

Além disso, fica evidente que o que se buscava agora no mundo colonial havia mudado: nos séculos XVII ou XVIII, os têxteis indianos, por exemplo, haviam sido produto cobiçado na Europa e os comerciantes ingleses os compraram em grande quantidade para revenda. Já na Era dos imperialismos, os britânicos adotaram medidas para praticamente quebrar a indústria têxtil indiana, de forma a garantir um mercado imenso para a sua própria produção têxtil.

Essas "reservas de mercado" podiam incluir também a produção local, a qual era reexportada para o mercado internacional através da metrópole e de suas empresas. O chá indiano, os produtos minerais da África do Norte francesa ou o petróleo do Iraque, por exemplo, eram revendidos no mercado mundial por empresas britânicas e francesas, que tinham imensos lucros. Os países dependentes também entravam no mesmo circuito, ainda que de uma forma um pouco diferente. Os corretores de café e trigo e os empacotadores de carne americanos, britânicos ou alemães, por exemplo, lucravam tanto ou mais do que os fazendeiros brasileiros, uruguaios ou argentinos que produziam esses artigos na América Latina.

Esse sistema de reexportação de produtos, na verdade, era antigo e tinha feito a riqueza de Lisboa, Amsterdã, Londres e outros centros comerciais na Era Moderna. A ele se acrescentou, contudo, um elemento novo e que deu ainda mais dinamismo a essa rede: a necessidade cada vez maior de matérias-primas e alimentos para que o mundo industrial pudesse funcionar.

Qualquer sistema fabril demanda três elementos: matérias-primas, trabalhadores alimentados que a processem e energia. Até a Revolução

Industrial, essa energia era fornecida por moinhos de vento, velas e sistemas semelhantes, mas, acima de tudo, pelos músculos dos trabalhadores, que tinham que ser alimentados para tanto. A matéria-prima, normalmente, era local, salvo casos muitos específicos, pois não valia a pena transportar materiais brutos a longas distâncias para a fabricação final. A produção dos alimentos também era, via de regra, local; apenas produtos muito caros (e passíveis de conservação por métodos naturais) eram transportados e vendidos em lugares distantes da sua produção.

A Revolução Industrial virou todo esse modelo de pernas para o ar. Em primeiro lugar, ela revolucionou de tal forma o sistema de transportes que se tornou possível transportar quantidades imensas de cargas: as ferrovias e os navios a vapor levavam, em tempo recorde, quantidades poucos anos antes inimagináveis de produtos, e as novas técnicas de conservação permitiam o transporte de artigos perecíveis. E, ainda mais importante, o custo do frete caiu significativamente, o que tornou viável o abastecimento a longas distâncias.

As indústrias, além disso, começaram a demandar produtos que a Europa não podia oferecer. Carvão e certos minérios, como o ferro, eram relativamente abundantes, mas o sistema industrial passou a requerer quantidades crescentes de zinco, estanho, níquel e outros minerais não muito disponíveis na Europa. A produção do aço e seus derivados, por exemplo, passou a demandar a adição, ao ferro, de minerais até então pouco valorizados, como o manganês, enquanto a expansão das redes telegráficas e elétricas gerou uma procura imensa por cobre. O ouro e, em menor escala, a prata se tornaram ainda mais essenciais; o padrão monetário daquela época estava atrelado ao ouro, e dispor desse metal em grande quantidade era visto como garantia de estabilidade econômica.

Matérias-primas vegetais, como algodão, fibras, madeira, entre outras, também eram essenciais. A produção do algodão, em especial, só era economicamente viável nas colônias, através do uso do trabalho barato e, no sul dos Estados Unidos, escravo. Após a difusão do automóvel, a demanda por borracha para os pneus também se tornou imensa, além, é claro, da demanda por petróleo para a produção de gasolina, óleo diesel e outros derivados. Controlar esses recursos e os territórios onde eles eram produzidos passou, portanto, a ser questão de vida e morte para as empresas e para os Estados.

O sistema industrial, além disso, necessitava de energia para o movimento das máquinas e isso, depois de um tempo, passou a ser fornecido não apenas pela queima do carvão, mas também pelo petróleo e por seus derivados, o que levou a uma corrida pela posse de fontes desse produto já no início do século XX. Carvão e petróleo se tornaram, como ainda o são, pré-requisitos essenciais para qualquer nação industrializada.

A questão alimentar também não pode ser esquecida. Na Era Moderna, as manufaturas haviam sido conduzidas por pessoas que ainda tinham uma ligação com a terra (camponeses que prestavam serviços em tempo parcial para os comerciantes, por exemplo) e que podiam produzir ao menos parte dos seus alimentos. A era industrial, além de promover o aumento da população urbana em geral, criou uma classe de pessoas, os operários, que tinham que comprar seus alimentos no mercado. Isso fez explodir a demanda por trigo, ovos, manteiga, carne e outros produtos de consumo diário por parte dos europeus.

Alguns países, como a França e a Alemanha, adotaram medidas para aumentar a produção doméstica, protegendo-a da concorrência externa. Já os britânicos criaram uma lei para a proteção da agricultura nacional entre 1815 e 1846, mas a revogaram quando a elite industrial percebeu que seria mais vantajoso trocar produtos industriais britânicos por trigo e outros cereais mais baratos vindos do exterior. A partir de então, os preços domésticos dos cereais caíram, a agricultura britânica entrou em colapso e o país se tornou dependente da comida importada, o que se mostraria perigoso quando o fluxo comercial era ameaçado, como durante as guerras mundiais. De qualquer forma, nesse contexto, países como os Estados Unidos, a Rússia, o Canadá e a Argentina se tornaram gigantes da produção agrícola, passando a suprir a Europa com trigo, milho, carne e outros alimentos básicos. Produtos tropicais, como a banana e o cacau, também se tornaram artigos de consumo comuns na Europa e nos Estados Unidos, já que podiam ser conservados e transportados massivamente.

O mundo industrial também criou outras necessidades, como, por exemplo, o uso de bebidas estimulantes. Beber chá ou café, adoçado com açúcar, era um hábito que havia se instalado na Europa desde a Era Moderna, fornecendo boa parte das calorias consumidas pelas classes trabalhadoras. Na Era Contemporânea, ele se difundiu com mais força, quando as horas de sono diminuíram e o ritmo de trabalho, para os operários, se intensificou. O consumo de cigarros e charutos também aumentou e se difundiu, inclusive nas classes populares, o que revitalizou a produção de tabaco em locais como Cuba. Tais produtos, e o algodão, só podiam ser produzidos fora da Europa e sua maior demanda acabou por revitalizar o sistema escravista no Brasil, em Cuba e no sul dos Estados Unidos, além de aumentar a pressão sobre as colônias africanas e asiáticas para que produzissem esses e outros produtos agrícolas.

Vários países periféricos que desfrutavam de independência ou autonomia acabaram por se tornar economias bastante prósperas, mesmo se concentrando na agricultura. Assim, em um primeiro momento, decidiram por não se industrializar, porque a opção de se concentrar em certos produtos de alta demanda parecia ser muito vantajosa. O Canadá, o Uruguai e a Argentina, por exemplo, se tornaram países ricos simplesmente pela exportação de trigo, madeira ou carne, enquanto o café e os nitratos fizeram a riqueza das elites do Brasil e do Chile. Permanecer assim foi uma opção das elites locais que, mesmo sendo dependentes dos compradores internacionais, tinham alguma autonomia de decisão. Caso muito diferente das colônias propriamente ditas, onde as decisões eram sempre tomadas pela metrópole e sempre a seu favor.

Desde a Era Moderna, a produção, a circulação e a reprodução de capitais eram essenciais para que o sistema mercantil pudesse funcionar. Banqueiros financiaram a produção e a exportação de açúcar e outros produtos americanos, o tráfico de escravos e as grandes expedições comerciais. Empréstimos de governo a governo ou de particulares – como os banqueiros Rothschild e Fugger – a governos também não eram incomuns. Na Era dos imperialismos, contudo, a questão do capital adquiriu um novo significado. Em primeiro lugar, porque a industrialização produziu um *surplus* (excedente) de capital como nunca antes; havia, portanto, dinheiro disponível para investimentos e disponibilidade para fazê-lo. E, em segundo lugar, porque as grandes empresas, os bancos e mesmo indivíduos estavam dispostos a investir seu capital em lugares distantes, desde que houvesse garantias de lucro e segurança de retorno do investimento, o que normalmente só podia ser assegurado pelo controle, direto ou indireto, do território colonial.

A questão da exportação de capitais, todavia, parece ser menos importante para o advento do imperialismo do que a da busca por mercados e matérias-primas. A esmagadora maioria do capital exportado pela Europa se dirigia, em primeiro lugar, a outros países europeus e aos Estados Unidos. Este último país foi, durante muito tempo, o maior destinatário do capital britânico no mundo. Na sequência, vinham as colônias de povoamento branco britânicas e, logo depois, os países da América Latina. Já o capital francês era investido, acima de tudo, na Rússia. Os alemães tinham imensos investimentos na Itália, por exemplo. Portanto, fica claro que o capital preferia fluir para países com sistemas jurídicos estabelecidos, que proporcionavam garantias para os que forneciam os empréstimos. No caso das colônias, não apenas o fluxo de capitais era menor, como também o investimento a ser feito dependia dos interesses e das perspectivas de lucro exclusivos dos países centrais e não dos povos coloniais.

Os territórios coloniais ou dependentes recebiam, dessa forma, investimentos apenas em iniciativas que poderiam ampliar a capacidade local em produzir matérias-primas, alimentos ou outros produtos de interesse da metrópole, como linhas ferroviárias, portos, estradas. A rede ferroviária instalada pelos britânicos no estado de São Paulo é um bom exemplo disso: toda a maquinaria e o investimento vinham de fora, e as linhas eram instaladas de modo a escoar os produtos tropicais que seriam vendidos na Europa. Empresas de eletricidade, gás, entre outras, foram instaladas em lugares como Rio de Janeiro, Cidade do México, Calcutá ou Cartum, mas sempre com custos elevados para os locais e altos lucros para os empresários. Os europeus, especialmente os britânicos, também dominavam os lucrativos serviços de transporte marítimo, fretes e seguros.

É evidente que habitantes do mundo colonial ou dependente tiveram benefícios com a chegada da modernidade europeia aos seus territórios: a eletricidade, o gás, as ferrovias e o telégrafo melhoraram a vida das populações urbanas. Cafeicultores brasileiros, fazendeiros argentinos ou agricultores da África Ocidental puderam enviar seus produtos com mais facilidade aos mercados. Práticas médicas e de higiene desenvolvidas na Europa, por sua vez, foram fundamentais para tornar cidades como o Rio de Janeiro, por exemplo, menos sujeitas a doenças. Contudo, boa parte dos benefícios decorrentes dos investimentos estrangeiros restringia-se às elites, raramente afetando a maioria da população.

Como se nota, os agentes privados foram parte essencial do imperialismo. Como já havia acontecido na Era Moderna, agora eram principalmente companhias privadas, em geral financiadas por investidores que detinham participação ou ações, que levantavam o dinheiro indispensável para a constituição de equipes de exploração, de exércitos coloniais privados e da infraestrutura necessária para a conquista imperial. Eram indivíduos ou companhias que mapeavam o território, identificavam os produtos passíveis de venda no mercado mundial e, muitas vezes, estabeleciam os primeiros acordos com os habitantes locais. Exploradores também viajavam para estudar regiões de interesse com o financiamento de sociedades geográficas, de companhias de mineração ou outras. O caso do Estado Livre do Congo, propriedade privada do rei Leopoldo II da Bélgica (1835-1909), foi um episódio extremo, mas o imperialismo não era uma questão exclusivamente de Estado.

Essa dinâmica, aliás, é bastante indicativa de como funcionava o capitalismo naqueles anos. Os investidores privados eram os maiores interessados na conquista colonial, pois, como já explicitado, eram as empresas que precisavam de matérias-primas, locais para investir e mercados para seus produtos. Após a fase inicial de exploração e os primeiros contatos, contudo, o poder do Estado era necessário tanto para sufocar a resistência dos habitantes e ocupar militarmente o território, como para afastar a cobiça das outras potências. Assim, acabava havendo um custo em sangue de soldados e marinheiros que lutavam pelas metrópoles nas terras coloniais, e um custo financeiro, na criação e na manutenção de um aparato repressivo e administrativo colonial.

Isso não significa afirmar que os Estados em si não tinham benefícios com o imperialismo. O orçamento governamental recebia recursos vindos das colônias e o próprio Estado tinha, frequentemente, participação acionária em empresas que atuavam fora da Europa. A própria prosperidade das empresas e do seu capitalismo nacional implicava benefícios fiscais para o Estado. A grande questão é que, quando a aventura colonial era lucrativa, a parte do leão desse lucro ficava com as empresas, bancos e indivíduos, enquanto o Estado arcava com os custos em sangue e dinheiro para que o lucro se desse. Já no caso de haver prejuízo, ele ficava com o Estado e, portanto, com os contribuintes. Isso reforça a avaliação de que o imperialismo não foi um desvio de rota do capitalismo, mas uma parte integrante do sistema.

Do mesmo modo que a evolução do sistema capitalista levou a alterações no sistema de impérios global, a mudança do sistema político fez a própria forma de conceber e governar impérios se modificar: a chegada do sistema liberal e do Estado-nação e suas articulações com a construção imperial deram contornos diferenciados para os imperialismos contemporâneos.

Imperialismo, Estado-nação e liberalismo

Depois de 1815, houve uma mudança substancial em termos de organização do Estado na Europa. Antes da Revolução Francesa, os Estados do Ocidente (com exceção do Reino Unido, da Holanda e dos Estados Unidos) eram geridos pelo sistema absolutista, pelo qual o reino estava associado à figura do monarca e o poder real era, ao menos em teoria, absoluto. Depois da Revolução Francesa, contudo, princípios como o liberalismo, o nacionalismo e a soberania popular passaram a ser dominantes no debate político, se espalhando pelo continente e colocando em xeque as antigas tradições absolutistas. Evidentemente, a força desses princípios variou muito pelo continente. Na Rússia, o czar ainda retinha quase todos os poderes. Na Alemanha, o poder da casa reinante continuava imenso. Na Itália, o poder do rei era restrito. E, na República Francesa, era inexistente.

Mesmo assim, o mundo no século XIX era diferente do anterior e a construção de impérios tinha agora que levar em consideração forças antes sem grande importância, como a opinião pública, o eleitorado e o nacionalismo. Este último podia reforçar a perspectiva imperial, já que o império seria a demonstração máxima da força nacional, ou enfraquecê-la, ao questionar a lógica dos impérios multinacionais, como o Austro-Húngaro, o Russo ou o Otomano. No século XIX, não apenas o sistema econômico se alterava, pela Revolução Industrial, mas também a perspectiva moderna da política – democrática e nacionalista – mudava os termos do processo pelo qual impérios eram construídos e questionados. Talvez seja por isso que a rainha Vitória foi proclamada imperatriz da Índia em 1876, mas continuou como simples rainha do Reino Unido: era aceitável que os indianos, meros súditos, ficassem sob o comando de uma imperatriz, mas não os britânicos, eleitores e cidadãos de uma democracia liberal.

O nacionalismo e o Estado-nação são realmente inovações do século XIX, além de uma das chaves para entender as novas formas de imperialismo que então surgiram. O princípio nacional afirmava que uma unidade política deveria ser correspondente a um só povo, único e diferente. Todas as identidades que anteriormente definiam a lealdade política – religiosa, dinástica, de grupos etc. – deviam, ao menos como princípio, desaparecer frente à identidade nacional. Esse corpo político se fundaria na soberania popular, que se expressaria na igualdade de todos perante a lei e no voto dos cidadãos. A grande questão, dentro dessa nova realidade, era saber quem seriam os incluídos e os excluídos desse novo tipo de comunidade, e quais os critérios para estabelecer quem seria, ou não, cidadão.

No nacionalismo progressista de Garibaldi ou Mazzini, por exemplo, o pertencimento à nação era uma questão de cidadania, de pertencimento a um corpo político. Em teoria, qualquer um que aceitasse ser parte do corpo político nacional da França ou da Itália poderia se tornar italiano ou francês, ainda que, na prática, a questão fosse mais complexa do que isso. Já o modelo nacionalista conservador enfatizava a homogeneidade étnica e cultural da nação, a ser preservada a qualquer custo, e definia critérios mais rígidos de pertencimento, buscando a homogeneidade nacional.

O imperialismo se relacionou de forma mais simbiótica com esse segundo modelo, que predominou nos Estados europeus no período, mas o princípio da cidadania continuou vivo e gerou problemas na própria mentalidade imperial. Como pensar na extensão da cidadania para os povos dominados se a cidadania implicava direitos e o que se buscava era a exploração? As iniciativas para converter efetivamente ao menos parte dos argelinos ou dos líbios em franceses ou italianos, por exemplo, foram, na maioria das vezes, limitadas e malsucedidas. A contradição é evidente: como converter em iguais povos e grupos que deveriam, pela própria lógica do sistema, ser juridicamente inferiores para poderem ser explorados?

Um dos problemas-chave do projeto nacionalista do século XIX era que a nação devia ser uma entidade única, desprovida de quaisquer conflitos políticos, sociais ou de classe. A expansão imperial podia, ao menos teoricamente, resolver isso. Ao transferir o excesso de população para o exterior (expandindo o próprio Estado-nação) e explorar riquezas de além-mar, seria garantida a prosperidade econômica do conjunto nacional. O império, além disso, era apresentado como um projeto coletivo, de todos os membros da nação, acima de classes, regionalismos e partidos. Assim, alguns defendiam a ideia de que o imperialismo podia complementar o nacionalismo.

Nas colônias, aliás, a lógica era exatamente a sonhada pelos nacionalistas de direita: colonos, administradores e soldados seriam simplesmente belgas ou alemães, por exemplo, em oposição aos conquistados. Seria a nacionalidade e a raça que os definiriam, acima de partidos, posições políticas e divisões sociais. Na prática, a situação não era essa, mas, segundo essa lógica, o sonho nacionalista podia ser projetado com ainda mais perfeição no mundo colonial. Além disso, o *éthos* guerreiro e a violência, as batalhas e os combates eram temas perfeitos para garantir um clima de exaltação nacional. As glórias militares sempre funcionaram, em todos os impérios, como veículos de legitimação do poder, contudo, a partir do século XIX, com a crescente integração das massas populares ao sistema político, tais glórias passaram a ser uma questão de orgulho nacional. Para os habitantes, por exemplo, da Espanha do século XVII, as vitórias do rei sobre seus inimigos eram comemoradas, mas o império era uma miragem, algo de que se ouvia falar, gerava sonhos e perspectivas de riqueza fácil, mas não era assunto do dia a dia, a não ser entre a elite dirigente. Com a transformação de súditos em cidadãos, os temas de política internacional passaram a ser considerados passíveis de discussão pelas pessoas comuns, ainda que, obviamente, com variações de país para país. Assim, outro diferencial do vivenciado no final do século XIX com relação a outras épocas é que o imperialismo passa a ser um fenômeno público e político.

Isso pôde acontecer porque o final do século XIX foi o período de expansão da imprensa de grande circulação. Jornais como o *Daily Mail* britânico, o *Novoye Vremya* na Rússia, o *Le Petit Parisien* e o *Le Matin* na França, o *Tägliche Rundschau* na Alemanha e tantos outros difundiam notícias, muitas vezes sensacionalistas ou destinadas à manipulação da opinião pública, sobre as guerras coloniais, revoltas, conquistas e derrotas nas mais longínquas partes do mundo. O Congo, a China ou as ilhas Marianas se tornaram então tema de debate nos cafés e nas mesas de jantar. O "cinema colonial" (ou seja, o produzido nas metrópoles a respeito das conquistas e das glórias imperiais), especialmente no século XX na França, na Itália e na Grã-Bretanha, também foi um desdobramento importante da indústria cultural no tocante ao tema da expansão no exterior. Jornais, livros e manuais escolares, por sua vez, reforçavam de forma consistente a mensagem de que a colonização era um direito e um dever dos povos europeus.

Livro francês de 1895 exalta a ocupação da ilha de Madagascar, consolidada no mesmo ano. Até mesmo a conquista de territórios marginais era comemorada e exaltada nas metrópoles.

Henri Galli, 1895

As "exposições coloniais" promovidas em Paris, Londres, Bruxelas, Roma e em tantos outros lugares também merecem destaque. Eram imensas feiras nas quais eram exibidos para os cidadãos das metrópoles produtos culturais, agrícolas, minerais, animais, além de objetos curiosos e variados vindos das colônias distantes da África, da Ásia e da América. Mesmo seres humanos eram reduzidos a objetos de curiosidade: nativos africanos ou asiáticos eram exibidos em pavilhões que procuravam reproduzir suas aldeias e seu modo de vida. As exibições traziam o mundo colonial para dentro de casa e para a mente dos milhões de europeus que as visitaram avidamente por várias décadas.

Vale destacar, por fim, a "literatura de viagem" e a "literatura fantástica" –, como, por exemplo, as obras do francês Júlio Verne que, em linhas gerais, eram odes aos valores do chamado "mundo civilizado" – progresso, técnica, higiene – e à necessidade de levá-los aos "povos atrasados", que deveriam ser tratados com condescendência e, se necessário, com o uso de força. Os heróis de Verne exploram o mundo de balão, de navio ou em trens, em narrativas apaixonantes, mas o olhar presente sempre é o do colonizador ou do explorador que prepara o terreno para o primeiro. É verdade que Verne faz críticas ao imperialismo, mas o dos outros (especialmente, o britânico, como se nota nas palavras do capitão Nemo, na aventura do submarino Nautilus), não o francês e o dos europeus em geral. Comparando duas obras de aventura escritas em períodos distintos – *Robinson Crusoé*, de Daniel Defoe (publicado no Reino Unido em 1719) e *A ilha misteriosa*, de Júlio Verne (1875) –, é possível observar igualdades e diferenças. Ambas são novelas sobre a sobrevivência e o isolamento em ilhas misteriosas, mas enquanto o personagem Robinson Crusoé se refugia na sua fé cristã e no trabalho duro para sobreviver, os heróis de Verne utilizam a química, a metalurgia e a ciência para não apenas sobreviver, mas também prosperar. Robinson Crusoé termina por entregar sua ilha para a colonização britânica, enquanto os heróis de Verne, após testemunharem a destruição da sua ilha, "reconstroem-na" em território americano.

O império também foi defendido como um empreendimento que podia servir para impedir os riscos que a democracia e o nacionalismo representavam para as elites europeias. Em um contexto de forte agitação social, operária e de crescimento do nacionalismo, um possível benefício do imperialismo seria diminuir, ou melhor, controlar as tensões sociais.

Imperialistas, como o aventureiro e grande empresário britânico Cecil Rhodes (1853-1902), propunham que a transferência de riquezas das colônias pudesse beneficiar os trabalhadores na metrópole, de forma que reformas sociais e demais projetos igualitários fossem evitados. Já alguns políticos alemães e austríacos compartilhavam a ideia de que aventuras no exterior podiam ser úteis para justificar uma repressão maior interna por parte do Estado, a ser dirigida contra as forças que ameaçavam a ordem tradicional, ou seja, a esquerda socialista, os movimentos nacionalistas e o sistema liberal, já existente, mas ainda em consolidação nesses países. Em boa medida, aliás, essa mentalidade conduziria as elites austro-húngaras e alemãs a apoiar a guerra em 1914.

O imperialismo desse período tinha também um lado psicológico que deve ser destacado: com ele, qualquer inglês ou francês, por exemplo, podia se sentir empolgado por fazer parte de uma nação que se expandia, conquistava terras exóticas e "espalhava a civilização". Isso acabava por conferir mais legitimidade a um sistema político liberal que se democratizava (ou seja, ampliava o seu corpo de cidadãos com direito ao voto) e precisava dessa legitimidade. Contudo, nem todos os habitantes da Europa aderiram ao entusiasmo pelo império e pelas guerras em zonas afastadas do mundo (muitos operários observaram desde cedo que tinham pouco a ganhar com isso), mas algum entusiasmo, especialmente nas classes médias, era real. Além disso, a relação com o mundo material era evidente, já que as conquistas que mais se comemoravam eram as que pareciam vantajosas economicamente.

O mesmo pode ser dito da questão ideológica. Um diferencial do novo imperialismo era que ele se baseava em uma ideologia dentro da qual o projeto civilizatório tinha um papel essencial. De fato, quase todos os projetos imperiais se sustentam a partir de uma religião ou de uma ideologia que se pretende universal, mas apenas na Era Contemporânea é que um conjunto de ideias é criado para justificar o imperialismo em si. Segundo seus princípios, a civilização ocidental burguesa era superior a todas as outras e tinha o dever de levar o progresso ao restante do mundo. Novamente, contudo, reaparece o problema econômico: a grande garantia da superioridade europeia estava nas suas armas, na sua técnica e na sua capacidade de produção. Sem a vantagem tecnológica e produtiva (e, por tabela, militar), não só os modernos impérios não se teriam constituído, como a própria justificativa para a sua existência perderia força.

Claro que elementos outros estavam presentes nas mentes dos que desejavam a expansão imperial. A busca da glória, da expansão da fé religiosa ou da segurança frente aos rivais e o sentimento de superioridade racial foram elementos importantes. O medo de ficar para trás também estimulou a expansão: se o mundo ia ser dividido, quanto mais territórios fossem conquistados – mesmo que sem grande valor econômico ou militar, ainda que potencial – melhor. Esperar para ver significaria apenas ficar de fora da repartição do mundo. Não é à toa que a África, por exemplo, foi repartida e conquistada em um espaço notavelmente curto de tempo, essencialmente entre 1885 e 1890. O "direito de ocupação" já estava presente na primeira onda imperial europeia, nas Américas, mas na Era do imperialismo essa perspectiva adquiriu uma dimensão global.

A questão do *status* também se tornou tema da maior importância: países como a Itália e a Alemanha se incomodavam com o fato de não terem impérios coloniais de monta, enquanto pequenos países, como Bélgica e Portugal, os tinham. Mesmo a opinião pública dos Estados Unidos começou a pressionar o governo, ao final do século xix, para que o país tivesse um império formal.

Ainda assim, esses elementos, de importância, acabavam por funcionar dentro de uma dimensão econômica maior, o que é a grande novidade do novo imperialismo. Mesmo a exploração do tema na política interna dos vários países tem a ver com essa dimensão, já que boa parte da argumentação em favor do imperialismo entre os trabalhadores britânicos ou franceses baseava-se na justificativa de que ele melhorava o nível de vida internamente, ainda que a realidade disso fosse questionável.

Interessante observar também como os imperialismos contemporâneos estavam articulados em torno de um projeto de forma muito mais acentuada do que nas experiências históricas anteriores. Claro que, na Antiguidade ou na Era Moderna, os Estados tinham seus planos ou perspectivas, mas boa parte dos processos expansionistas era determinada pelas circunstâncias e por outros atores: a ação individual de comerciantes, piratas ou colonos, a necessidade de encontrar um lugar para enviar rebeldes, delinquentes ou presos políticos, a descoberta fortuita de ouro ou prata etc. Já na Era dos imperialismos, a questão se inverteu: boa parte das iniciativas imperiais vinha de indivíduos, empresas, comerciantes ou outros grupos organizados, entretanto, cada vez mais os Estados as articulavam dentro de projetos, de ambições colocadas no papel, nos mapas, e discutidas nos corredores do poder.

Em resumo, impérios sempre existiram, e as conexões entre os impérios marítimos e coloniais europeus na América, entre os séculos XVI e XIX, e o posterior são evidentes. Não obstante, o imperialismo no sentido que o termo assumiu a partir do final do século XIX (controle direto ou indireto de um território externo a partir de uma noção de benefício econômico e justificado por uma ideologia específica) só podia acontecer em um sistema capitalista. Não espanta que os contemporâneos tenham achado necessário criar um novo termo, *imperialismo*, para designar a nova realidade.

O imperialismo foi, portanto, herdeiro de tradições imperiais muito antigas e, especialmente, dos impérios marítimos europeus constituídos desde o século XVI, mas representou também um fenômeno novo. Como expressão da modernidade (o capitalismo industrial, a democracia liberal, o nacionalismo), os novos imperialismos reorganizaram o mundo a sua imagem e se espalharam por toda a Terra.

Em 1914, 80% da superfície do planeta estava sob o controle direto dos países da Europa, dos Estados Unidos e do Japão. Na África, 90,4% do território era administrado diretamente pela Europa, porcentagem essa que se ampliava para 98,9% na Polinésia e 100% na Oceania. Na Ásia, 56,5% do território estava sob o controle europeu e, nas Américas, esse número caía para 27,2%, mas o território restante estava sob influência indireta europeia (como a China, o Império Otomano e a América Latina), descontando-se, é claro, as novas potências que surgiam, ou seja, os Estados Unidos e o Japão. Estados e territórios que, na Era Moderna, os europeus mal haviam tocado, como o interior africano, ou que tinham superado os europeus em riqueza e poder (como o Império Otomano e a China) estavam agora sob o controle direto ou indireto europeu. Além disso, um terço da população do mundo era, em 1914, europeia ou de origem europeia, uma porcentagem inédita. O "longo século XIX" foi, indubitavelmente, o "século europeu", e a grande questão era como organizar e administrar possessões tão vastas.

44 IMPERIALISMO

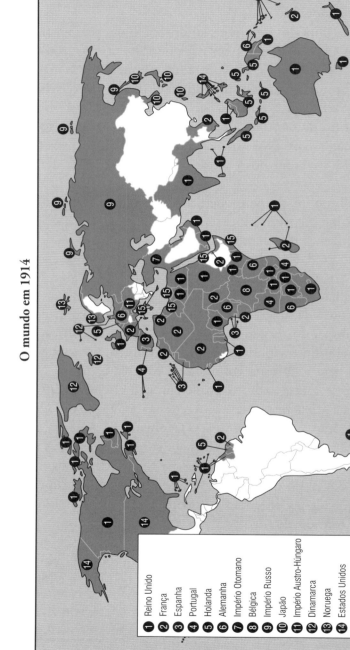

O mundo em 1914

1. Reino Unido
2. França
3. Espanha
4. Portugal
5. Holanda
6. Alemanha
7. Império Otomano
8. Bélgica
9. Império Russo
10. Japão
11. Império Austro-Húngaro
12. Dinamarca
13. Noruega
14. Estados Unidos
15. Itália

Europeus, americanos e japoneses dividiram o mundo entre si. Territórios que não pertenciam a grandes impérios também estavam sob a sua órbita, ainda que conservando a independência formal.

Funcionamento e mecanismos imperiais (séculos XIX e XX)

IMPERIALISMO DIRETO: COOPTAÇÃO E REPRESSÃO

Toda aventura imperial começava com a conquista ou, no mínimo, com o estabelecimento de uma superioridade militar que se convertia em hegemonia. Na Era dos Descobrimentos, a superioridade militar europeia era evidente (havia aço para as espadas e para as armaduras, artilharia em navios de maior tamanho, armas de fogo individuais, organização e disciplina), mas a chave das conquistas nas Américas foi a exploração das divisões e dos ressentimentos de povos locais contra os Impérios Asteca, Maia e Inca.

Nas conquistas do final do século XIX, os europeus continuaram a explorar as divisões entre os povos a serem conquistados, mas o fator tecnológico se tornou predominante. Explosivos mais potentes, metralhadoras e o uso de navios e ferrovias para melhorar a logística faziam dos exércitos europeus adversários praticamente invencíveis. Barcos a vapor permitiam que grandes rios asiáticos e africanos servissem de via de acesso ao interior do território antes isolado. Por outro lado, os europeus passaram a ter como o maior entrave às suas ambições, especialmente na África e no sul da Ásia, as doenças tropicais, como a malária e a febre amarela, que causavam muitas baixas entre os soldados. Foi, portanto, necessário um grande esforço para encontrar medicamentos que ao menos aliviassem o problema.

Na Era dos imperialismos, a corrida armamentista se acelerou, os exércitos e as marinhas se tornaram muito maiores. Em 1880, as oito principais potências mundiais (Rússia, França, Alemanha, Grã-Bretanha, Áustria-Hungria, Estados Unidos, Japão e Itália) dispunham de 2,7 milhões de homens em seus exércitos permanentes, além de 1,5 milhões de toneladas de navios de guerra. Mais de 30 anos depois, em 1914, os efetivos dos principais exércitos haviam subido para 4.944 milhões de homens e as marinhas para 8.153 milhões de toneladas.

Produzir e financiar equipamentos e armas necessários para fazer funcionar essas enormes máquinas militares se tornou um desafio para as potências europeias. Entre 1887 e 1914, por exemplo, as despesas militares britânicas subiram de 32 milhões para 77 milhões de libras, enquanto só a Marinha, que tinha um orçamento de 11 milhões em 1885, passou a dispor de 44 milhões em 1914. No mesmo período, os gastos navais alemães passaram de 90 a 400 milhões de marcos por ano. O mesmo ocorreu em todos os países europeus, no Japão e, ao menos no tocante à Marinha, nos Estados Unidos.

Apenas uma parte desse novo poder militar foi destinada à conquista e à ocupação do mundo colonial. A esmagadora maioria dos soldados europeus se encontrava na Europa, mobilizada para a luta contra países vizinhos. A corrida naval visava criar marinhas capazes de derrotar a das potências rivais e não combater a dos países colonizados ou a colonizar.

Somente 25 mil homens do Exército britânico e aliados foram necessários para vencer os zulus na África do Sul em 1879, e o mesmo número de italianos foi empenhado na primeira guerra da Itália com a Etiópia, em 1896, enquanto os franceses precisaram de décadas de combates e o empenho de quase 200 mil soldados para a conquista da Argélia a partir de 1830. Números pequenos frente aos milhões de homens disponíveis na Europa.

A guerra colonial mais custosa foi a Guerra dos Bôeres, entre 1899 e 1902, quando meio milhão de soldados britânicos e do Império foi mobilizado para submeter os bôeres – colonos brancos de origem holandesa que tinham armas e técnicas de combate europeias, mas adaptadas ao terreno local, razões pelas quais tiveram condições de oferecer uma resistência superior à dos povos africanos. Em resumo, as guerras coloniais eram custosas para os invasores (e muito mais para os invadidos), mas a superioridade tecnológica e de organização permitia que apenas uma fração dos milhões de soldados europeus disponíveis fosse engajada na África ou na Ásia.

No caso das marinhas, a conexão com o universo imperial era mais explícita. Os povos da África e da Ásia não tinham forças navais capazes de eclipsar as europeias, mas a competição entre os imperialismos fazia da marinha algo essencial para quaisquer perspectivas de poder global nutridas pelos Estados. Afinal, sabia-se que, sem o domínio dos mares, seria impossível manter e conectar o território metropolitano com possessões espalhadas pelo mundo, sendo a situação da Rússia a única grande exceção. A publicação da obra do almirante americano Alfred Thayer Mahan, *The Influence of Sea Power upon History, 1660-1783* (A influência do poder naval na História, 1660-1783), em 1890, foi um marco nesse sentido. A partir dessa obra, a ligação entre a construção imperial e a questão naval se tornou lugar-comum para boa parte das elites militares e políticas daquela época: tornar-se uma grande potência significava dispor de uma poderosa marinha capaz de controlar os mares, além de manter as conexões com as colônias e os territórios imperiais.

Ao mesmo tempo, acreditava-se que apenas a Marinha poderia exercer poder sobre Estados independentes ou semi-independentes (a famosa "diplomacia das canhoneiras") em defesa de interesses comerciais ou para proteger emigrantes e cidadãos da metrópole. Por fim, a expansão naval implicava o estabelecimento de bases em áreas estratégicas (como estreitos e canais), de forma a garantir o abastecimento dos navios e o fornecimento de minerais estratégicos (ferro, cobre, carvão, petróleo etc.) para a construção e o funcionamento dos navios. Isso tudo também estimulava a conquista de territórios no exterior.

Não espanta que, entre meados do século XIX e meados do XX, tenham proliferado, em quase todos os principais países europeus, as chamadas Ligas Navais. Eram organizações que, quase sempre financiadas por armadores e comerciantes, buscavam influenciar a opinião pública na defesa de gastos estatais com a Marinha. Muitas delas funcionavam em parceria com grupos e organizações da sociedade civil, interessados na defesa do imperialismo e na conquista de terras estrangeiras. Naquele momento, expansão naval e imperialismo estavam intimamente associados.

De qualquer forma, depois que a conquista se completava, a demanda por soldados europeus atuando em terras distantes diminuía, ainda que nunca se reduzisse a zero. Sempre era necessário ter tropas à disposição para garantir a segurança dos colonos, obrigar os locais a atenderem aos interesses da metrópole, sufocar revoltas e manter distantes os impérios rivais.

Com a consolidação da conquista, a maior parte dos impérios europeus recorria, em diversos graus, a membros dos próprios povos dominados para garantir o controle do território. Isso se fazia, antes de tudo, pela cooptação de elites locais, as quais mantinham quase todos os seus direitos e as prerrogativas, e eram protegidas pelos colonizadores. Em troca, eram obrigadas a permitir a transferência de uma parte dos recursos locais – mercadorias, impostos, mão de obra – para os recém-chegados, além de manter a ordem.

Além de se aliar a líderes locais, o sistema imperial também contava com colonos europeus, os quais, em muitos lugares, formavam forças milicianas e de autodefesa. Empregava ainda a política de "dividir para conquistar", colocando grupos étnicos e raciais locais uns contra os outros. Quase sempre, escolhiam-se indivíduos de um grupo minoritário, que tinha sofrido restrições ou perseguições da maioria, ou de algum grupo que tivesse vínculos culturais ou mesmo étnicos com os europeus para colocá-los em postos importantes na administração e ter preferência nas forças armadas, além de honrarias e outros privilégios, provocando o descontentamento e a oposição da maioria local e, assim, dificultando qualquer união contra a dominação europeia.

Dessa forma, os britânicos, por exemplo, preferiram os muçulmanos para o seu Exército colonial na Índia, os italianos deram espaço aos muçulmanos para dominar a maioria cristã na Etiópia e os belgas se apoiaram nos tútsis sobre os hutus para que seu domínio em Ruanda fosse facilitado. Já na Síria e no Líbano, a ligação entre a confissão religiosa e as potências europeias foi um pouco mais complexa: ainda durante a dominação otomana, os franceses apoiaram os cristãos maronitas e os alauitas, os britânicos os drusos e os russos os cristãos ortodoxos. Depois da ocupação francesa em 1918, como seria de se esperar, os maronitas e os alauitas se tornaram peças fundamentais na administração francesa naqueles territórios.

Em nível local, o incentivo às divisões internas ocorreu em várias partes da África ou da Ásia, colocando populações contra populações, tribos contra tribos, grupos contra grupos. Também houve casos em que uma população em posição subordinada na Europa se tornava fundamental para manter o império no exterior, pois a própria subordinação a tornava mais suscetível a emigrar ou se alistar no Exército. O exemplo perfeito é o dos irlandeses que sofriam discriminações no Reino Unido e foram cruciais, especialmente como soldados, para a preservação do Império Britânico: para muitos irlandeses, alistar-se nas forças armadas era a única saída para sobreviver e, desde o século XVI, um número muito elevado de soldados irlandeses lutou sob a bandeira do Exército britânico.

Outra estrutura imprescindível para manter a dominação colonial era o recrutamento de administradores e, especialmente, de soldados entre os locais. Eles tinham a vantagem de estarem mais adaptados ao clima e às condições do lugar, e de conhecer bem o terreno. Eram então utilizados para o controle do território, para reprimir revoltas e para guerras de expansão, com as tropas europeias servindo apenas como força de apoio. Muitas vezes, foram empregados em lugares distantes, em campanhas em outras partes dos impérios. Os gurkhas até hoje são uma tropa de elite do Exército britânico, e soldados indianos lutaram aos milhões nas guerras do Império Britânico, na Ásia, na África e na Europa. Tropas senegalesas foram empregadas pelos franceses na Indochina ou na Argélia, e tropas marroquinas e argelinas lutaram em todas as guerras francesas por mais de um século. Os marroquinos também serviram ao Exército espanhol, e os eritreus foram fundamentais para a conquista da Etiópia pela Itália em 1935/1936.

Enfim, a conquista do mundo euroasiático foi facilitada pela tecnologia militar superior da Europa, mas a manutenção da conquista dependeu da cooptação das elites locais e do recrutamento de tropas localmente. Nessas forças, contudo, os soldados locais não passavam das patentes mais baixas, normalmente a de sargento; os oficiais eram sempre brancos. Eram, portanto, forças militares que refletiam perfeitamente os princípios racistas europeus do período e a lógica do imperialismo, ao mesmo tempo que eram fundamentais para a sua manutenção.

É desnecessário reafirmar que a violência para a conquista e a manutenção dos impérios era parte essencial da sua existência. Mesmo quando a resistência inicial já tinha sido eliminada, as próprias condições da exploração colonial, os choques culturais e religiosos, além de outros elementos levavam a uma permanente necessidade do uso da força.

Um subproduto das guerras coloniais foi que a violência praticada nas colônias, contra os povos dominados, acabaria por retornar às metrópoles através de uma elite militar que aprendera, nas áreas dominadas, a utilizar os métodos mais brutais contra seus opositores e a desprezar os direitos dos civis. Nos territórios imperiais, atos de rebelião eram reprimidos com brutalidade, e bastava uma mudança de contexto para esses métodos e essa filosofia serem trazidos para a própria Europa.

O Exército da África de Francisco Franco, por exemplo, traria para a Espanha, durante a Guerra Civil Espanhola (1936-1939), os métodos e a violência da guerra colonial no Marrocos: não apenas soldados marroquinos e tropas coloniais espanholas foram trazidos para lutar na Europa, mas também o massacre de populações civis, a "política de terra arrasada" e outras práticas da guerra colonial acabaram sendo empregados na Europa.

Militares e civis envolvidos na conquista e na administração dos territórios imperiais também eram, em geral, simpáticos a movimentos e ideias de direita, e sua experiência fora da Europa apenas reforçava o seu chauvinismo e o seu desprezo racial e pela democracia.

A rebelião dos colonos franceses na Argélia em 1958, por exemplo, não teve por objetivo separar a colônia da metrópole, mas controlar o governo para manter a Argélia francesa e, se possível, levar a guerra colonial para a França, eliminando os inimigos internos. Um século antes, a mesma Argélia também viu a atuação do general Thomas Robert Bugeaud, fundamental na conquista francesa daquele país, que empregou a política de terra arrasada para subjugar os nativos, queimando e incendiando os campos, e permitindo que seus soldados matassem, saqueassem e estuprassem à vontade. Não espantosamente, ele era um monarquista convicto, inimigo de políticas educacionais para os franceses e até mesmo de qualquer estudo: o povo simples, mesmo na França, segundo ele, deveria se concentrar no trabalho duro, sem tempo livre para mais nada. Para Bugeaud, a melhor forma de resolver os problemas da França era simplesmente aplicar lá os métodos em uso na Argélia ou, se não fosse possível, bastaria enviar os progressistas e republicanos para a África, onde poderiam ser eliminados sem celeumas.

No longo século XIX, violência e brutalidade eram, portanto, fundamentais para a criação e a manutenção dos impérios. Algumas potências imperiais podiam ser mais ou menos sanguinárias do que as outras: os alemães na Namíbia, por exemplo, foram especialmente violentos, eliminando populações inteiras, enquanto os britânicos preferiram, em linhas gerais, a cooptação ao conflito. Do mesmo modo, o próprio modelo de exploração colonial demandava mais ou menos violência, conforme as necessidades do colonizador. Na África Ocidental, por exemplo, alguns fazendeiros africanos consideraram uma boa opção alterar sua produção agrícola para produtos exportáveis, pois era mais lucrativo para eles mesmos, pelo que a máquina repressiva britânica ou francesa não precisou atuar para obrigá-los a tal. Já no Congo belga, a extração foi predatória, com o emprego "necessário" de uma violência sem limites, enquanto na África do Sul o confisco das terras e a transferência de mão de obra para a exploração capitalista das minas de ouro e diamantes implicaram a ação coercitiva do Estado colonial sobre os africanos. Não havia, portanto, um único sistema repressivo nem um grau mínimo ou máximo de violência admissível, ainda que a exploração belga do Congo tenha sido considerada desumana e brutal até mesmo pelos padrões colonialistas mais severos, levantando a opinião pública mundial contra o rei Leopoldo II.

Mesmo com todas as nuanças, é evidente que a violência era inerente ao processo imperialista, como não podia deixar de ser quando se tratava da conquista e da exploração de territórios e até continentes inteiros. Para a maior parte da África e da Ásia, reduzidas a colônias a serem exploradas para atender às demandas do capitalismo industrial europeu, fazer parte dos impérios europeus não significava compartilhar um destino glorioso, mas apenas vivenciar a produção diária de riquezas, mediada pela violência, para servir a outros povos.

Outra parte fundamental do sistema montado pelos europeus nas colônias destinadas à exploração econômica foi a necessidade de combinar e temperar a repressão com a cooptação. Como já indicado, colocar alguns conquistados dentro da estrutura de poder, de modo a diminuir os custos da própria conquista, era uma estratégia conhecida dos criadores de impérios ao longo da história, e os europeus fizeram, em menor ou maior grau, o mesmo. O grande problema era que, se valia a pena absorver no sistema parte dos conquistados, especialmente suas elites, essa absorção não podia acontecer de forma tão ampla que a exploração econômica se tornasse inviável. Um problema que já havia surgido na conquista das Américas, levando a intensos debates sobre os direitos dos indígenas, principalmente os que se cristianizavam e se convertiam em súditos do rei, mas que se tornou premente nos séculos XIX e XX, quando a questão dos direitos e da cidadania estava em plena discussão na própria Europa. Essa discussão acabou por reverberar por todos os países europeus e uma das respostas mais comuns foi o racismo, sobretudo em sua versão alegadamente científica.

Os britânicos, por exemplo, consideravam bengalis ou africanos essencial e permanentemente não ingleses, ou seja, incapazes de se alçarem ao nível dos europeus, ainda que passíveis de receber benefícios da suposta civilização superior. Na Itália, concebeu-se, em alguns momentos, a concessão de uma cidadania parcial aos líbios. Já os franceses, cuja definição de nacionalidade era muito ligada à questão da cidadania, difundiam a ideia de que todos os habitantes das colônias podiam, potencialmente, se tornar franceses se absorvessem a cultura francesa e, em alguns momentos, o governo da França protegeu em certas colônias os habitantes originários dos excessos dos colonos.

Os exemplos de alguma abertura se sucedem, mas, na prática, não apenas a maioria dos dominados não queria perder sua identidade, como também os próprios europeus sabiam que isso não poderia acontecer, salvo para uma pequena minoria. Se todos os súditos coloniais da Inglaterra, por exemplo, se convertessem em cidadãos britânicos, com direitos iguais, os brancos seriam uma pequena minoria dominada pelo número. O caso de Gandhi é exemplar: por mais que ele tivesse absorvido a cultura britânica e falasse inglês com perfeição, era tratado como "um homem de cor", alguém que nunca chegaria a ser realmente assimilado.

Na Argélia francesa, limites também estavam claros: italianos, espanhóis, malteses ou outros europeus ali emigrados podiam se tornar cidadãos franceses, mas os muçulmanos respondiam à lei islâmica, e só podiam solicitar cidadania francesa se aceitassem se submeter à lei francesa (laica) e, ainda assim, as restrições práticas para tal pedido ser aceito eram imensas. Já os argelinos muçulmanos eram considerados franceses, mas súditos, não cidadãos. Tal diferenciação era comum em quase todos os impérios. A distinção pelo viés racista, contudo, nunca foi perfeita: os negros nas colônias remanescentes do Caribe e alguns grupos no Senegal, por exemplo, receberam direitos reservados a cidadãos, mesmo sem serem considerados nacionais franceses. De qualquer forma, a diferença e a desigualdade eram parte fundamental, base construtora das sociedades coloniais, e o racismo um dos seus pilares.

A diferença se expressava, por exemplo, na educação. No mundo colonial, alguns poucos habitantes locais eram escolhidos para receber educação primária e, em raros casos, secundária e até mesmo na metrópole, de maneira a formar administradores coloniais, além de sargentos e cabos para os exércitos coloniais. Apenas os colonos vindos da Europa podiam receber instrução sem restrições, e havia um esforço generalizado para eliminar até mesmo as escolas que existiam antes ou as iniciativas de particulares. Na Argélia francesa, por exemplo, 90% dos argelinos eram analfabetos em 1944, depois de mais de um século de ocupação da França. Não parecia fazer sentido educar os argelinos, mesmo que na cultura francesa, se o projeto era expropriar as suas terras e utilizar o seu trabalho.

A questão da religião e, especialmente, da conversão ao cristianismo também foi vista de modo diferente nessa época. Não se tratava mais, como nos tempos de colonização da América, de *cristianizar* para salvar almas (e os índios eram considerados passíveis de salvação, ao contrário dos inimigos da religião, os muçulmanos), mas de *civilizar*. Contudo, já que a civilização só podia ser cristã, a difusão do cristianismo era uma consequência lógica. De qualquer modo, o cristianismo prega a necessidade de evangelizar, e os missionários não perderam tempo em difundir a fé de Cristo nas novas áreas que o imperialismo tornava acessíveis. Graças à presença de tropas e administradores coloniais, missões católicas, ortodoxas e protestantes conseguiram um acesso inédito a grandes populações de outras religiões, a serem evangelizadas por elas.

Contudo, em alguns lugares, como na Índia, a administração colonial considerou esse esforço um complicador desnecessário e o desestimulou. Nos países islâmicos, por sua vez, a resistência à conversão foi forte entre os locais.

Em partes da Ásia e, acima de tudo, na África Subsaariana, onde o resultado da evangelização foi expressivo, acabariam surgindo contradições para o próprio sistema colonial. Os "novos cristãos" cultuavam uma religião europeia, com ritos e em idiomas europeus e dominada pelo clero vindo da Europa; o fato de terem abandonado seus costumes anteriores era visto, pelos colonos, como sinal de que seriam leais à nova ordem. Por outro lado, o fato de terem se tornado cristãos também os tornava sujeitos com mais legitimidade, e as missões e as Igrejas muitas vezes os protegeram da exploração e lhes forneceram serviços educacionais, o que acabou gerando conflitos com as autoridades coloniais e com os colonos europeus. Ao mesmo tempo, muitos dos convertidos se frustravam, pois o fato de terem se tornado cristãos não os liberava automaticamente, como podiam ter imaginado, da exploração econômica. Ao fim, a conversão religiosa não eliminava a grande justificativa para a conquista na Era dos imperialismos, ou seja, que os supostamente superiores deveriam dominar os inferiores e que a civilização superior era, em boa medida, definida racialmente.

> **RACISMO CIENTÍFICO**
>
> Racismo científico é uma teoria desenvolvida pela ciência do século XIX (hoje superada e considerada falsa) que propunha a "raça" como o elemento central para entender a evolução das sociedades humanas e sua desigualdade. Ela considerava haver uma base empírica e racional (normalmente, através de medições antropológicas) para explicar uma suposta superioridade de algumas raças sobre outras e uma consequente hierarquia racial, classificando povos e etnias.
>
> Segundo essa teoria, o modo de vida, a cultura e a "alma" de um povo, além de seu "estágio de desenvolvimento", seriam determinados pela sua "raça". Aproximando-se do darwinismo social, o racismo científico também considerava que a dominação de raças inferiores pelas superiores não era incorreta; pelo contrário, era uma "lei" da vida.
>
> O racismo científico representou uma mudança de posicionamento no relacionamento com o "outro" por parte dos europeus: se antes a diferença era estabelecida, por exemplo, por critérios religiosos (distinguindo católicos, protestantes, muçulmanos, judeus), a lógica agora seria biológica e, em tese, demonstrada cientificamente. Essa concepção pseudocientífica foi essencial para justificar a expansão europeia pelo mundo, assim como para separar e distinguir povos e etnias dentro da própria Europa. Acabou sendo o motor ideológico por trás de inúmeros massacres étnicos, com destaque para o empreendido pelo regime nazista.

Dentro da Europa, o racismo científico procurava explicar por que alguns eram vencedores e outros perdedores na luta social dentro de cada país e também entre os europeus. Já fora da Europa, o critério racial explicava o sucesso europeu em termos econômicos, militares e tecnológicos, e dava direito à dominação branca europeia sobre asiáticos, africanos e outros povos. O critério racial era tão onipresente que gerou até mesmo projetos de substituição demográfica em países como o Brasil e a Argentina: se a civilização só podia acontecer com uma população branca, ela, se não existia na quantidade suficiente, teria que ser importada.

Ao fim, era a questão da mão de obra que, obviamente, dava os contornos (e permitia malabarismos no discurso racista) para estabelecer quais povos podiam ser eliminados e quais deviam viver para serem civilizados, ou seja, para trabalhar para os recém-chegados; os que podiam ser assimilados, ainda que parcialmente, e os que não. Na Austrália, por exemplo, os habitantes locais, os aborígenes, eram cerca de 400 mil quando da chegada do primeiro governador britânico, em 1797. Um século depois, estavam reduzidos a um décimo disso, expulsos para as áreas áridas do norte e oeste. Já que o trabalho barato era garantido pelos condenados e indesejáveis enviados da Europa para a Austrália (e, depois, pela contínua imigração), não havia por que perder tempo tentando assimilar os aborígenes, uma política que só seria implantada bem mais tarde.

O imperialismo de fins do século XIX, portanto, dividia o mundo segundo critérios geográficos, mas, especialmente, civilizacionais, os quais logo se converteram em raciais. A humanidade foi classificada segundo os critérios de um racismo que se pretendia científico e hierarquizava povos, interna e externamente. A cooptação e a repressão eram dosadas conforme as necessidades da exploração e justificadas pelo discurso racista científico. Sem repressão e cooptação, contudo, as bandeiras dos países europeus não teriam tremulado em seus domínios por tantas décadas.

IMPERIALISMO DIRETO: COLÔNIAS DE POVOAMENTO

O *colonialismo demográfico* é, em essência, a eliminação total ou parcial da população de um dado território – normalmente de clima semelhante ao da metrópole e com população reduzida – para a sua substituição por colonos. Essa era uma prática antiga, tanto que o Império Romano tinha as suas colônias de cidadãos romanos nas províncias, os russos se instalaram progressivamente na Sibéria e os ingleses começaram a colonizar a América do Norte já no século XVII. Foi nos séculos XIX e XX, contudo, que essa prática se tornou mais comum e se converteu em um marco fundamental do novo imperialismo.

A exploração econômica e o colonialismo demográfico sempre foram, na verdade, duas facetas da expansão imperial e os processos muitas vezes se confundem. Na Argélia, por exemplo, os colonos franceses exploravam a mão de obra e os recursos locais, ao mesmo tempo que iam comprando e expropriando terras para a criação do que deveria ser, no futuro, um novo departamento francês. Os nazistas também combinaram, na Europa Oriental, uma perspectiva de exploração sistemática dos povos locais e sua eliminação para a colonização germânica, que levaria as fronteiras da nação alemã centenas de quilômetros para o leste.

O colonialismo demográfico também era, em muitos casos, uma forma de liberar mão de obra para os projetos de exploração econômica. Várias tribos e nações africanas derrotadas pelos ingleses e pelos bôeres na África do Sul perderam as suas melhores terras durante a conquista colonial: 92% delas foram confiscadas pelo *Native Land Act* de 1913 e entregues a colonizadores brancos. Um milhão de africanos foram expulsos de suas terras e passaram então a trabalhar nas minas, sempre em posição subordinada. Igualmente, não era incomum que, mesmo nas pequenas propriedades, trabalhadores locais fossem utilizados para atender às necessidades dos europeus e tornar a colonização mais lucrativa.

Essa ambiguidade e as conexões entre a conquista de territórios para exploração e para colonização são tão evidentes que, em vários idiomas, essa situação se reflete no próprio uso dos termos. Nas línguas latinas, por exemplo, o termo *colônia* significa tanto um grupo de imigrantes instalados em terra estrangeira como territórios sob domínio de um outro país. Mesmo assim, é possível identificar diferenças entre territórios cuja conquista visava essencialmente à exploração dos recursos naturais através da mão de obra local e outros, nos quais o grande atrativo era a terra para o estabelecimento de pequenas propriedades agrícolas.

O primeiro impulso para a colonização demográfica, na realidade, teve um objetivo mais prático e imediato: dispor de lugares para onde os indesejáveis na Europa pudessem ser deportados, aliviando as prisões, economizando os recursos do Estado e facilitando o controle social em momentos de crescimento demográfico e mudanças sociais. Ao invés de serem um custo, passariam a ser um ativo, criando e povoando colônias em outras partes do mundo. Desde o século XVI, Portugal deportava os indesejáveis para a África ou para o Brasil e os franceses replicaram a iniciativa, até tempos bem recentes, na Nova Caledônia e na Guiana.

O caso mais importante, contudo, foi o da Austrália, para onde 162 mil condenados britânicos – a maioria por crimes leves – foram enviados entre 1778 e 1868. Os britânicos, aliás, já tinham enviado números expressivos de condenados para suas colônias na América do Norte antes da independência dos Estados Unidos e não é coincidência que os primeiros embarques para a Austrália tenham acontecido dois anos depois, em 1778. Os condenados ofereceram inicialmente mão de obra para a colonização, preparando o terreno para futuras ondas de imigrantes.

A escolha preferencial de um território para a colonização demográfica levava em conta um clima favorável, o mais parecido possível com o da metrópole, de forma que os colonos pudessem produzir lá o que já conheciam na Europa, como trigo, uvas, carne bovina e suína etc. Produtos locais, como milho, também podiam ser adaptados para o plantio. Regiões com uma população originária relativamente pequena também eram atraentes, pois facilitavam a conquista da terra pelos recém-chegados. Além disso, o fato de essas regiões não serem capazes de produzir artigos tropicais para o mercado global nem terem uma ampla população originária para ser explorada as tornavam menos interessantes para a exploração direta.

Não espanta, assim, que a maioria das chamadas "colônias brancas", ou seja, de povoamento europeu, tenham sido instaladas em regiões temperadas: o Canadá, a Austrália e a Nova Zelândia foram as principais, mas também houve esforços para criar colônias de assentamento europeu em áreas consideradas climaticamente adequadas na Namíbia, na Argélia, na Eritreia, na Etiópia, na Líbia e na Rodésia, por exemplo.

Não podemos esquecer, igualmente, que a colonização da Sibéria pelos russos e do oeste da América do Norte pelos americanos seguiu, em síntese, os princípios do colonialismo demográfico. A Argentina, o Uruguai, o centro-sul do Brasil e partes do Chile também acabaram por fazer parte do sistema imperial europeu dos séculos XIX e XX através do colonialismo demográfico, ainda que, como veremos posteriormente, em termos diferentes, pois esses países tinham, ao menos, a independência formal.

A colonização demográfica atendia ainda aos interesses de atores privados, normalmente famílias de agricultores que desejavam terra para cultivar ou emigrantes que buscavam uma vida melhor fora da Europa. Em muitos momentos, a iniciativa de colonização partiu justamente desses indivíduos e suas famílias, assim como de empresas de colonização, públicas ou privadas, que loteavam a terra e organizavam a emigração e o assentamento dos colonos. Além disso, como os colonos eram considerados cidadãos de seus países de origem, sua independência para agir era, obviamente, maior do que a de povos conquistados. Dessa forma, não espanta que, em inúmeras ocasiões, tivessem sido os colonos que lideraram a expansão territorial, muitas vezes forçando a intervenção da metrópole em suas lutas (decorrentes dessa ambição) ou tendo se colocado contra ela quando viram seus interesses ameaçados ou atingidos.

Quando um império se expandia através da colonização demográfica, acabava havendo desdobramentos de importância no que tange à cidadania e aos direitos dos que habitavam os novos territórios, provocando uma ruptura com a dicotomia entre colonizadores e colonizados: a conquista imperial significava a incorporação de novos territórios e habitantes ao império, enquanto o colonialismo demográfico implicava, no limite, a expansão do seu próprio núcleo original; expandir o império acabava sendo expandir o Estado-nação.

Uma boa forma de diferenciar a expansão do Estado-nação da simples conquista territorial está na possibilidade de participação das elites dos territórios conquistados na administração central. Depois da incorporação formal de, por exemplo, Ohio ao território estadunidense, um membro da elite americana ali nascido podia aspirar ser presidente dos Estados Unidos. Em um caso intermediário, um canadense votava para escolher seu Parlamento, no Canadá, mas se mudasse em definitivo para o Reino Unido, poderia, como cidadão britânico, votar nas eleições da Inglaterra.

Claro que os interesses entre os nascidos na Europa, na América ou na Oceania não eram os mesmos e, com o tempo, identidades diferenciadas surgiriam. A igualdade jurídica, entre os cidadãos brancos, contudo, era muito maior do que entre colonizadores e colonizados não brancos. Um rajá indiano, por exemplo, por mais riqueza e poder que tivesse e por mais que se sentisse britânico, nunca poderia sonhar em se tornar primeiro-ministro do Reino Unido, nem mesmo participar do Parlamento inglês.

Expansão nacional e imperial se confundem em alguns casos – especialmente no de impérios que se expandiam em terras contíguas, como o Russo ou o Otomano –, mas a delimitação de direitos é um bom instrumento para diferenciá-las. O melhor exemplo, nesse sentido, é realmente o dos Estados Unidos: as 13 colônias originais se tornaram 50 estados de uma federação, em um processo de colonialismo demográfico clássico, pois a todos os habitantes dos territórios anexados (com exceção óbvia de escravos africanos e indígenas) seriam concedidos os mesmos direitos dos originais. Já Cuba ou Filipinas, ocupadas em 1898 pelos Estados Unidos, foram conquistas propriamente ditas, já que seus habitantes não se tornaram cidadãos americanos, sendo Porto Rico, até hoje, um caso intermediário. A ironia desse processo, na verdade, é que o sistema encontrado para facilitar a expansão pacífica da União – a possibilidade de transformar territórios colonizados em estados – tornaria a questão da escravidão objeto de disputas políticas em âmbito federal e conduziria à Guerra Civil Americana (1861-1865).

O colonialismo demográfico podia ser feito, no entanto, de outras formas, inclusive dentro do território nacional, para desestimular a emigração ou para expandir a produção de riquezas internamente. A Itália, por exemplo, desenvolveu uma ativa política de colonização interna que consistia em recuperar partes do território (drenando pântanos, eliminando focos de doenças etc.), especialmente no *Mezzogiorno*, disponibilizar os lotes para camponeses sem terra do norte da Itália e estimular a produção agrícola. Igualmente os russos e os americanos que se mudavam para colonizar a terra (e também para povoar as novas cidades) na Califórnia ou na Sibéria estavam colonizando o seu próprio território. Em um contexto diferente, foi também o que fizeram, por exemplo, o governo argentino na Patagônia e o brasileiro nos estados do Sul do país: confiscar as terras dos povos originários, massacrando-os se necessário, e disponibilizar a terra para a colonização europeia.

A colonização interna tinha, em alguns contextos, fins políticos bem delimitados, ou seja, alterar os equilíbrios étnicos e territoriais entre as etnias ou grupos, privilegiando os considerados mais confiáveis. No Império Alemão, frente à presença de numerosos poloneses na parte oriental da Alemanha, o governo imperial iniciou um processo de deportação de parte da população polonesa, germanização de outra e, por fim, a aquisição de terras na região para a colonização por alemães, de forma a garantir a homogeneidade étnica na área de fronteira. Na Irlanda, desde o século XVI, o governo britânico promovia a imigração de protestantes da Grã-Bretanha para diminuir a hegemonia populacional dos católicos irlandeses e, no século XX, eram dadas facilidades financeiras para que britânicos que quisessem emigrar se dirigissem a terras do Império e não ao seu destino mais importante, os Estados Unidos. Russos e americanos também pensavam na hegemonia demográfica, obviamente, quando apoiavam seus colonos que iam para os territórios conquistados no México, na Ásia Central e na Sibéria.

A emigração na Europa naquele momento era tão intensa que ela própria estimulava ânsias imperiais. A maciça emigração de alemães, italianos, espanhóis e portugueses para a América Latina, por exemplo, levava a sonhos de criação de maiorias demográficas, hegemonias políticas e, até mesmo, de conquista imperial no Brasil, na Argentina e em outros locais. Os italianos, por exemplo, imaginaram, por algum tempo, que seria possível colocar a Argentina na órbita imperial italiana pela força da sua imigração (o mesmo se pensou, por algum tempo, com relação ao estado de São Paulo) e, até mesmo, que os colonos italianos pudessem reproduzir o modelo de conquista do Texas pelos Estados Unidos. Alguns intelectuais alemães também sonharam com a anexação do Sul do Brasil ao Império Alemão, e a maciça emigração japonesa no Havaí, por exemplo, chegou a ser vista como uma justificativa para a anexação japonesa das ilhas. A emigração, portanto, justificava sonhos imperiais e os estimulava ainda mais.

Quase sempre, os projetos de colonialismo demográfico aconteciam de forma simultânea e todos eles tinham uma característica em comum: dependiam da exuberância demográfica e da capacidade emigratória dos povos europeus. Sem um *surplus* de população para enviar para fora do território nacional ou para colonizá-lo internamente, todos esses projetos entrariam em colapso; encontrar colonos para certos projetos foi realmente uma dificuldade em muitos momentos. Poucos italianos, por exemplo, optaram por deixar seus lares nos Estados Unidos ou na Argentina para colonizar a Líbia em favor do imperialismo italiano, e os esforços do governo britânico para desviar os seus emigrantes para longe dos Estados Unidos foram apenas parcialmente bem-sucedidos. O caso francês era ainda mais complicado: a natalidade francesa era baixa e, na Era dos imperialismos, havia poucos franceses para sustentar projetos de colonização no exterior. O maior sucesso francês foi na Argélia, mas em locais como o Marrocos e a Tunísia, o grosso da população europeia ali residente era formado por italianos ou espanhóis, e não por franceses.

Os séculos XIX e XX, contudo, foram de grande dinamismo populacional na Europa, justamente pela mesma Revolução Industrial que impulsionava e viabilizava a expansão imperial. A mortalidade, especialmente a infantil, caiu muito e as condições gerais de vida melhoraram, enquanto a natalidade caiu com menos velocidade. Nesse contexto, a população cresceu. Mesmo com a maciça emigração, a população do Império Austríaco aumentou, arredondando-se os números, de 30 para 50 milhões entre 1850 e 1910, e a alemã de 33 para 65 milhões. Os britânicos passaram de 27 para 45 milhões, os italianos de 24 para 35 milhões e os russos de 68 para 160 milhões. Só o número de franceses aumentou pouco, apenas 3 milhões, de 36 para 39 milhões.

Isso se refletia nos números imensos de europeus deixando o continente. Entre 1846 e 1932, por exemplo, deixaram a Europa quase 50 milhões de pessoas, das quais 2,1 milhões da Escandinávia, 2,9 do Império Russo e Polônia, 4,9 da Alemanha, 6,2 do Império Austro-Húngaro, 6,5 da península ibérica, 11,1 da Itália e 16 das ilhas britânicas. A maioria se dirigiu aos países da América, ou seja, 32,4 milhões para os Estados Unidos, 7,1 para a Argentina e o Uruguai, 5,2 para o Canadá, 4,4 para o Brasil e 3,5 para a Austrália e a Nova Zelândia. Outros milhões foram para a África, a Ásia (incluindo a Sibéria) e outros países da América Latina, enquanto milhões migraram dentro da própria Europa, das áreas periféricas (como a Polônia, a Itália e os Bálcãs) para o centro industrial no nordeste europeu. Houve também migrações entre partes dos impérios, como a promovida pelo Império Britânico a partir da Índia, a qual levou numerosos indianos para a África do Sul, a África Oriental britânica e a Guiana.

Como se nota, a maioria dos europeus emigrou dentro do continente e para países independentes, com destaque para os Estados Unidos. É evidente, também, que a maioria dos emigrantes eram pessoas que buscavam apenas uma vida melhor, sem se sentirem parte de projetos imperiais ou mesmo sem saberem que eles existiam. Ainda assim, sem essa massa de pessoas, em um movimento até então inédito na história, é difícil imaginar que a Era dos imperialismos pudesse ter se consolidado.

Os emigrantes também eram vistos como um fator relevante para outros desdobramentos da Era dos imperialismos que iam além do colonialismo demográfico propriamente dito. No mínimo, imaginava-se que a maciça presença de imigrantes de uma dada nacionalidade permitiria o aumento do comércio, dos laços culturais e da influência do país de origem dos emigrantes em determinados locais, ainda dentro do modelo de "imperialismo indireto".

IMPERIALISMO INDIRETO: COMÉRCIO, SERVIÇOS FINANCEIROS E CULTURA

O imperialismo não se limitava, mesmo na Era Contemporânea, à conquista de territórios. França, Grã-Bretanha, Alemanha e outros países investiram pesadamente na construção de "espaços imperiais indiretos", nos quais a força da sua cultura, do comércio e da emigração daria hegemonia ou poder de influência à potência imperial. Os "espaços de dominação indireta" abarcavam geralmente territórios sob o controle de um Estado que dispunha de soberania formal, a ser colocado na órbita da potência dominante por esses meios indiretos. Esses territórios não eram colonizados nem se tornavam necessariamente protetorados formais (apesar de alguns caminharem nessa direção), mas acabavam sujeitos à influência e ao poder de cooptação dos impérios.

Em síntese, os instrumentos do imperialismo indireto eram econômicos e políticos, além de haver pressão militar. Mas também se buscava difundir a cultura da potência imperial nos territórios de interesse de forma a criar simpatias e valores compartilhados, forjar sólidos laços comerciais e financeiros (quase sempre, com termos de contrato desfavoráveis aos países mais fracos) e estabelecer parcerias técnicas ou militares, como no negócio de armas e na chamada "cooperação técnica". Como já indicado, todos os Estados imperialistas fizeram uso desses instrumentos, em maior ou menor grau, mas alguns países se empenharam mais nisso. Normalmente, os países que optaram por investir bastante nesse modelo foram aqueles com força militar ou econômica insuficiente para ambicionar conquistas diretas – como a Itália e a Espanha na América Latina e a Alemanha no Império Otomano ou nos Bálcãs – ou cuja cultura política liberal os fazia mais propensos a adotar essa abordagem indireta, de dominação pelo comércio e pelas finanças – caso, por exemplo, dos Estados Unidos na América Latina e na China.

Esse tipo de imperialismo, obviamente, convivia com o formal, de anexação direta, e a decisão de adotar um ou outro vinha das circunstâncias. A Grã-Bretanha preferia manter a América Latina sob a sua hegemonia financeira, ao mesmo tempo que conquistava territórios na África e colonizava a Nova Zelândia. Do mesmo modo, a Itália e a Espanha tinham sonhos de hegemonia no Brasil e na Argentina, respectivamente, ao mesmo tempo que conquistavam territórios na Eritreia, na Somália e no Marrocos. Era uma mesma mentalidade imperial que se expressava de maneiras diferentes conforme as conveniências.

Comércio, difusão cultural e trocas de todo tipo aconteciam igualmente (e de forma ainda mais intensa) entre os núcleos centrais dos impérios: o fluxo financeiro e comercial entre a França, a Rússia, a Itália, a Alemanha e os Estados Unidos, por exemplo, era muito maior, antes de 1914, do que entre esses países e seus "protetorados informais", e mesmo entre eles e seus impérios. Dispor de esferas de influência cultural, comercial e financeira, além de disputá-las, era, contudo, uma forma de competição imperial como qualquer outra, e nenhuma economia avançada renunciava a isso, mesmo que fosse de importância menor no total de seu comércio ou de seus investimentos.

Outra questão fundamental era o diferencial de poder. Os alemães ou os italianos, por exemplo, nunca imaginaram que poderiam, através da sua intensa emigração e do seu crescente comércio com os Estados Unidos, dominar esse país. Também sabiam que não seriam capazes de, por exemplo, enviar uma frota a Nova York para obrigar o governo americano a assinar um tratado comercial favorável a seus países. A força da cultura francesa na Itália também não era vista como um instrumento para criar uma dependência intelectual, mas como um elemento que poderia favorecer a relação de dois países mais ou menos equivalentes (apesar de os franceses sempre se sentirem superiores aos italianos). Já na América Latina, os franceses viam a difusão da sua cultura como algo que servia como facilitador do comércio e para o estabelecimento de vínculos diplomáticos. Comércio, cultura e finanças são partes integrantes do mundo capitalista, mas, no universo dos imperialismos, eles assumiam características distintas conforme o diferencial de poder das partes envolvidas, especialmente a militar.

Uma outra grande novidade dos séculos XIX e XX foi a ênfase na questão financeira. A dominação indireta por dívidas ou pelo controle dos capitais não era uma novidade na história dos impérios, mas o imperialismo daquele momento tornou esse elemento uma das chaves para a dominação global, especialmente nas áreas formalmente independentes. O fato de esse elemento assumir agora uma posição de destaque nas relações internacionais faz sentido, pois era um momento em que o capitalismo florescia, no qual havia abundância de capitais em busca de lucro e em que instrumentos financeiros de vários tipos (ações, títulos de dívida pública, diversos modelos de empréstimos) tinham sido aperfeiçoados, facilitando as transações. Havia também uma demanda por parte de vários Estados periféricos por moeda forte com a qual eles pudessem modernizar suas economias e as forças armadas, adquirir novos produtos de consumo que vinham do exterior e pagar pelos novos produtos manufaturados que surgiam. Depois dos empréstimos feitos, o ciclo de juros, a dificuldade nos pagamentos e as novas dívidas se iniciavam, quase sempre terminando com o controle das finanças do endividado pelo credor.

O capital financeiro se tornou, desse modo um instrumento flexível que permitia acomodar a independência política formal com o controle indireto. Nos casos em que não havia terras adequadas para os colonos brancos, riquezas minerais ou mão de obra que pudesse ser explorada ou, o que era mais comum, quando a conquista direta era impossível ou difícil, o caminho era apelar ao poder mais sutil da influência cultural e do dinheiro. Dívidas eram (e, aliás, continuam a ser) uma forma extremamente eficiente de submeter povos e nações aos interesses de outros.

A Tunísia é um bom exemplo. Já antes da conquista francesa, um consórcio de empresas e bancos franceses, ingleses e italianos providenciou empréstimos ao bei (o governante local), para depois cobrá-los e transformar o país em uma colônia informal. O Império Otomano e o Chinês também sofreram sob o peso das dívidas. Já na América Latina, a hegemonia financeira britânica e, posteriormente, americana era tamanha que, para todos os efeitos, os países desfrutavam de uma independência política, mas obedeciam aos ditames da City londrina e de Wall Street. Argentina e Uruguai chegaram a ser considerados "Domínios honorários" da Coroa britânica, isto é, embora não fossem território britânico, estavam totalmente subjugados à dominação econômica, algo que acontecia também no Brasil, no México e em praticamente todo o subcontinente.

Os esforços dos impérios para dominar territórios por meio da hegemonia financeira, comercial e cultural não implicavam, como já indicado, renunciar ao uso da força. Em alguns poucos casos – como no trabalho de alguns pensadores liberais italianos ou espanhóis –, havia o sonho de um mundo de comércio e trocas livres que acabaria por deixar obsoletos e superar os impérios coloniais, baseados na força. Eram, contudo, vozes minoritárias: a maioria dos impérios sabia que as vantagens comerciais ou financeiras só se mantinham pela força ou pela ameaça do seu uso, e acreditavam que a maior prova de superioridade cultural e mesmo racial era o poder militar. Não espanta ter sido na Era dos imperialismos que a "diplomacia das canhoneiras" se fortaleceu como nunca antes.

Colocar uma frota no litoral de um dado país, normalmente nas proximidades da sua capital, e ameaçar com um bombardeio caso dívidas não fossem pagas, tratados comerciais vantajosos não fossem assinados ou um governante antipático fosse removido do poder eram práticas que vinham desde a Era Moderna. Na Era dos imperialismos, contudo, elas se tornaram recorrentes: os americanos, os franceses e os britânicos, especialmente, as adotaram na América Latina, no Mediterrâneo e no Oriente, e até mesmo potências secundárias, como a Itália ou a Espanha, fizeram isso.

Durante a crise venezuelana de 1902-1903, por exemplo, uma frota conjunta italiana, alemã e britânica bloqueou o litoral do país, demandando o pagamento de dívidas e de danos às propriedades de europeus na

Venezuela. A situação só se resolveu quando os Estados Unidos ameaçaram intervir e quando a Venezuela aceitou reservar 30% das suas receitas aduaneiras para atender aos interesses dos europeus. Controlar as aduanas pela força, aliás, era prática comum nesse tipo de imperialismo, revelando mais uma vez as conexões entre comércio, dívidas e poder naval.

Através do imperialismo indireto, mesmo nações sem colônias podiam participar, de alguma forma, do sistema imperial. O conhecimento gerado pelas missões científicas e exploratórias austríacas, por exemplo, foi fundamental para a aquisição das informações necessárias para a exploração de boa parte do mundo. Já os comerciantes e os financistas suecos ou gregos puderam acessar os novos mercados e as novas oportunidades de lucro abertas pelos impérios, ainda que seus países não tivessem oficialmente colônias. Já imigrantes italianos ou ibéricos encontraram certa facilidade em ser recebidos na América Latina justamente por causa da lógica imperial que ressaltava a superioridade racial europeia, mesmo quando seus países de origem não exerciam domínio direto na região.

O imperialismo indireto, em suas várias formas, permitia, portanto, que a independência política formal de certos países fosse reconhecida, ao mesmo tempo que se mantinham os laços de subordinação comercial, financeira e cultural, ainda que sem a anexação e o controle formais.

TIPOS E TIPOLOGIAS DA DOMINAÇÃO EUROPEIA

Ficam evidentes, pelo já exposto, a unidade e a diversidade dos sistemas imperialistas dos séculos XIX e XX: a lógica imperial era global, mas suas formas de expressão prática variavam conforme as circunstâncias. A expansão territorial dos impérios teve contornos distintos conforme a época, as condições tecnológicas e o entorno cultural e econômico. Também era habitual que um mesmo território unisse dois ou mais tipos de sistema colonial. Separar os vários tipos de imperialismo, contudo, é uma forma de entender a natureza multifacetada dos impérios naquele momento, mas também a sua lógica global.

Na realidade, desde o início da expansão europeia pelo mundo, teóricos e intelectuais europeus já discutiam a sua tipologia. Autores como Adam Smith (1723-1790), Arnold Heeren (1760-1842) e Wilhelm Roscher (1817-1894) foram os precursores, debatendo sobre as diferenças entre colônias de povoamento, de exploração (normalmente de produtos minerais) e mercantis. Foi, contudo, o economista francês Paul Leroy-Beaulieu (1843-1916), um dos maiores defensores do colonialismo da França, que elaborou, com base nos autores anteriores, a tipologia mais conhecida.

Paul Leroy-Beaulieu distinguiu três tipos de colônias: as de comércio ou entrepostos, as de exploração (que exigiam capitais e se destinavam a explorar produtos tropicais e matérias-primas) e as de povoamento. Autores posteriores criaram tipologias novas, que incluíam termos como colônias-reservatório (fornecimento de matérias-primas e mão de obra à metrópole), de escoamento (capazes de absorver imigrantes e produtos industrializados) e de penetração e controle financeiro, e elas sempre podem ser repensadas. De qualquer forma, essas tipologias permitem compreender quais eram os tipos principais de colônias estabelecidas pelos países da Europa no restante do mundo.

Ainda dentro dessa discussão, convém recordar que é costumeiro escrever sobre o "imperialismo europeu" daquele período, mas "Europa" é um conceito muito amplo, então é melhor repensá-lo. Havia um núcleo industrial (Grã-Bretanha, França, Bélgica, Alemanha, partes do Império Austro-Húngaro e da Rússia, o norte da Itália e, de forma crescente, como uma prolongação da cultura europeia, os Estados Unidos), cuja capacidade produtiva *per capita* era de sete vezes a do mundo colonial em 1913. Os Estados que compunham esse núcleo, não por acaso, foram as grandes potências imperialistas. Havia, contudo, uma periferia subdesenvolvida no próprio continente. A península ibérica, o sul da Itália, a Irlanda, o Leste Europeu e os Bálcãs, por exemplo, eram áreas periféricas do mundo industrial, com níveis de vida mais baixos, que se caracterizavam igualmente por importar produtos industriais e capitais, e exportar matérias-primas, alimentos e trabalhadores. Essas periferias europeias também eram avaliadas e pesadas segundo os critérios do racismo científico da época, que destacava os anglo-saxões e os germânicos, e colocava os eslavos e os mediterrânicos na parte mais baixa da escala da "raça branca". A discussão sobre limites e pertencimento era intensa naqueles anos: os balcânicos seriam realmente europeus ou membros do "Oriente Próximo"? E em que ponto no mapa a europeia Rússia dava lugar à asiática Sibéria? Onde seria a fronteira que separava a europeia Itália do Norte da mediterrânica Itália do Sul?

O campo de atuação do imperialismo, assim, também se estendia ao continente europeu, mas de uma forma diferente. Pensou-se, por exemplo, na divisão dos territórios que compunham o Império Português entre Alemanha e Grã-Bretanha, e Portugal mesmo era quase uma colônia britânica, mas não se cogitou conquistar os portugueses e dividir o seu território europeu. Os povos da periferia europeia estavam colocados em uma escala inferior frente aos do Norte da Europa, mas não a ponto de serem equivalentes a africanos ou asiáticos, já que pertenciam à cultura europeia. Mesmo essa periferia europeia era vista como parte do "mundo civilizado": eram países pobres e de "qualidade racial duvidosa", mas passíveis de se tornarem civilizados com o tempo, já que compartilhavam, *grosso modo*, da história, da cultura e da "raça" europeias.

Nenhuma das tipologias utilizadas para diferenciar as colônias é perfeita, tanto que várias conviviam no mesmo espaço e/ou mudaram de sentido com o passar do tempo. Mas a sua simples menção pode ser útil para percebermos como o repertório de formas de exercício de poder imperial era imenso: exploração econômica, emigração, demonstrações periódicas de força, controle financeiro, tratados de comércio e hegemonia indireta; protetorados, domínios e colônias.

A soberania só era exercida na realidade por um punhado de países pelo mundo. A maioria da população do planeta vivia dentro de regimes de poder compostos, estratificados e excludentes. Os impérios, por sua vez, eram diferentes uns dos outros, mas, ao mesmo tempo, estavam unidos na mesma lógica. Isso tanto é verdade que, apesar da competição inerente, os impérios colaboravam entre si a favor do interesse coletivo do sistema.

COLABORAÇÃO INTERIMPERIAL

Os impérios dos séculos XIX e XX estavam permanentemente cobiçando os territórios e as áreas de influência dos vizinhos, algo inevitável dentro da lógica competitiva entre eles. Se o império é uma forma de obter o monopólio da exploração dos recursos de um dado território e se o capitalismo é, por definição, global, a formatação de um único império, vencedor sobre todos os outros, é uma resultante óbvia. Os sonhos de dominação universal, tão característicos dos impérios desde a Antiguidade – qual império não desejava ser universal? –, se transmutavam agora em um novo formato, o da ambição de constituir um monopólio econômico global, o qual ampliava ainda mais a lógica competitiva.

Os imperialismos aconteciam, contudo, em um caldo cultural comum, e a troca de conhecimentos e experiências sempre foi uma constante. Exploradores geográficos publicavam as suas descobertas, médicos discutiam a cura para as doenças tropicais e engenheiros construíam novos equipamentos para superar barreiras nas montanhas do norte da Índia ou no deserto africano. Todas essas informações circulavam pela Europa e pela América do Norte, em revistas, palestras ou livros, e soluções compartilhadas para problemas comuns eram debatidas amplamente.

Além disso, os impérios trocavam experiências entre si, e procuravam aprender com as técnicas e as práticas coloniais dos outros. Os franceses procuraram criar o seu próprio Domínio de colonização demográfica na Argélia, seguindo o modelo britânico de *Dominions* (territórios aos quais era dada uma autonomia muito grande, autogoverno, e, em geral, eram habitados majoritariamente por colonos brancos vindos das ilhas Britânicas, pelo que recebiam também a denominação de "colônias brancas"). E a Itália pensou em fazer o mesmo na Argentina. A Itália também serviu de exemplo para alterações em leis de emigração em vários países da Europa ao final do século XIX, seguindo os ditames da colonização demográfica e do imperialismo indireto. Já no século XX, os nazistas, por exemplo, observaram com cuidado o controle britânico sobre a Índia e a colonização americana do Oeste e tentaram replicar essas experiências, ainda que muito modificadas, na Europa Oriental. Eles também aprenderam com a colonização italiana na Etiópia, por exemplo, e ao menos parcialmente aplicaram esses conhecimentos no território soviético conquistado. Os saberes, portanto, circulavam, eram apreendidos, discutidos e adaptados para realidades diversas, mas sempre dentro de uma lógica comum, imperialista e que considerava natural que a Europa governasse o mundo.

Os impérios sabiam, ademais, que havia riscos inerentes a uma guerra total de todos contra todos. Não apenas Estados e impérios mais fracos receavam ser derrotados em caso de guerra, mas também até mesmo os fortes receavam as convulsões sociais, os danos e as mortes causados por um conflito internacional. Dessa forma, os impérios fizeram esforços para administrar a competição e impedir que uma guerra total acontecesse. Claro que, em última instância, esses esforços acabaram falhando: duas guerras mundiais seriam travadas em nome dos impérios e, ao final, enterrariam todos eles. Porém, antes disso, houve esforços para reforçar uma lógica de cooperação, baseada na solidariedade que devia existir entre os povos que colonizavam e se expandiam pelo mundo.

Um primeiro elemento dessa lógica foi a diplomacia usada para impedir uma guerra total por causa do choque de imperialismos. O Congresso de Berlim de 1884-1885 e o de Bruxelas de 1889-1890, por exemplo, foram esforços, temporariamente bem-sucedidos, para administrar a corrida pelos territórios africanos. Decidiu-se que um território só poderia ser reclamado caso o reclamante demonstrasse a sua ocupação efetiva, e que os europeus lá eliminariam o tráfico de escravos, armas e bebidas. Esses Congressos foram exitosos na diminuição das tensões entre as potências na África e também estabeleceram a ideia de um padrão imperial coletivo: a Europa, representada pelas potências coloniais, se anunciava como um conjunto de países civilizados que, através de regulamentações e leis, estabeleceria padrões racionais para dominar e controlar as "bárbaras" populações africanas.

Essa tentativa de regulamentar a conquista da África era herdeira dos vários esforços para amenizar os conflitos entre os países europeus que vinham desde, no mínimo, a Conferência de Viena após a derrota de Napoleão Bonaparte. As grandes potências se organizaram em um Concerto europeu que, por meio de congressos e consultas regulares, tentou resolver os conflitos entre elas de forma pacífica.

Com efeito, os impérios europeus não eram máquinas agressivas e sem controle. Apesar de recorrerem à força contra seus rivais em inúmeras ocasiões, eram capazes de negociar e identificar quando a paz era preferível à guerra. Eles tinham a tendência de avançar e absorver os territórios de impérios fracos, em decadência, mas podiam observar quando era mais interessante sustentar os mais fracos para impedir rivais poderosos de se tornarem dominantes. A sobrevivência da China, do Império Otomano e do Império Austro-Húngaro foi, em boa medida, determinada pelo medo que as grandes potências tinham dos conflitos que a sua dissolução inevitavelmente geraria e pelo receio de que o Império Russo, especialmente, absorvesse a maioria dos territórios remanescentes da dissolução desses impérios. A manutenção, por Portugal, de suas colônias africanas também ocorreu por conta do receio britânico de que os alemães fossem exigir a "sua parte" caso houvesse a dissolução do Império Português.

A avaliação de ameaças e riscos também permitiu a acomodação de rivalidades imperiais seculares. A tradicional rivalidade franco-britânica na Europa e na África ou a profunda desconfiança britânica pela expansão russa na direção do Mediterrâneo e da Índia foram superadas quando um novo império, o Alemão, pareceu mais ameaçador do que os outros. As tensões entre austro-húngaros e alemães também foram superadas devido ao receio de ambos pelo expansionismo russo, enquanto americanos e britânicos resolveram suas diferenças na América do Norte, já em meados do século XIX, para evitar conflitos prejudiciais aos interesses de ambos.

Vários impérios procuraram alimentar o ressentimento de nações, grupos e tribos subordinados aos seus rivais locais. Os britânicos, por exemplo, apoiaram a rebelião dos árabes contra os otomanos durante a Primeira Guerra Mundial, e tanto Hitler como Mussolini tentaram se apresentar como os defensores dos muçulmanos e do nacionalismo árabe no Egito, no Iraque ou na Síria, ainda que sem muito sucesso, já que a Itália reprimia com violência seus próprios muçulmanos na Líbia. No entanto, isso acontecia normalmente apenas em época de guerra, pois, quando havia rebeliões que transcendiam fronteiras, os impérios tendiam a se apoiar. De fato, os impérios colaboravam mais do que competiam em uma questão em particular, na repressão aos dominados. Assim, na Guerra do Rife, no Marrocos, entre 1920 e 1927, tropas espanholas e francesas cooperaram na luta contra os insurgentes, e forças britânicas e francesas atuaram, em várias regiões da África, em operações conjuntas, para que rebeldes e revolucionários não encontrassem abrigo do outro lado da fronteira. Várias potências europeias também se preocuparam com a derrota do Exército italiano frente aos etíopes em 1896, pois ela poderia sinalizar aos africanos que os europeus não eram invencíveis. Nessa ocasião, algumas pessoas na França e na Alemanha propuseram enviar ajuda aos italianos em nome da solidariedade europeia, mas a ideia não foi em frente, até porque os italianos se sentiriam humilhados com isso. Forças navais europeias também lançaram expedições conjuntas nos mais diferentes pontos do mundo, especialmente nas Américas, na Ásia e no Mediterrâneo.

Contudo, o melhor exemplo de solidariedade interimperial foi a Guerra dos Boxers, na China, entre 1899 e 1901. Os boxers formavam um movimento que lutava contra os privilégios dos europeus na China e sua ingerência nos assuntos locais. Em 1900, eles começaram a atacar igrejas cristãs e ameaçar as representações estrangeiras em Beijing, o que levou ao envio de duas forças multinacionais, constituídas a partir de navios de guerra na costa chinesa, para a sua proteção. Quando isso se revelou insuficiente, uma grande expedição militar multinacional foi enviada para liberar as embaixadas e legações sob sítio em Beijing, e reprimir os boxers e seus apoiadores no governo imperial chinês. O resultado foi a conquista da capital chinesa e a assinatura de tratados que penalizaram o Império Chinês. No entanto, foi essa resistência chinesa que convenceu os europeus – mas não os japoneses – de que os chineses resistiriam a quaisquer tentativas de controle direto e de que era melhor tentar defender os seus interesses através da cooptação da dinastia chinesa reinante.

É interessante observar com mais detalhes o caráter de colaboração interimperial nessa ação contra os boxers, a qual reuniu 54 navios de guerra e 56.726 soldados (incluindo os fuzileiros navais). Aqueles com maior representação eram os impérios mais interessados em se expandirem no território chinês (o Império Japonês, com 18 navios de guerra e 20.840 soldados, e o Russo, com 10 navios e 13.150 homens) e os mais poderosos da época, como o Império Francês (5 navios e 3.520 homens) e o Império Britânico (8 navios e 12.020 soldados). Os impérios nascentes, contudo, não podiam ficar de fora: a Alemanha enviou 5 navios e 900 soldados, a Itália 2 navios e 2.580 homens. Mesmo os Estados Unidos contribuíram com 2 navios e 3.410 soldados. E até a Áustria-Hungria colaborou com 4 navios e 296 soldados, pois, ainda que fosse avessa a esse tipo de expedição, achou que não podia ficar de fora, sob pena de ser considerada "potência menor".

Impérios colaboravam entre si, portanto, mas a sua lógica principal era a competitiva e o final lógico dessa competição seria a guerra. Os impérios foram um elemento que ajudou a criar o caldo competitivo que levaria às duas guerras mundiais e, ao mesmo tempo, dispor ou não de recursos imperiais foi um elemento decisivo para a derrota ou a vitória nelas.

OS IMPÉRIOS E AS GUERRAS MUNDIAIS

A relação entre a construção dos impérios e a eclosão das guerras mundiais foi estabelecida especialmente na tradição marxista e, acima de tudo, por Lenin. Como visto no capítulo anterior, a proposta explicativa era atraente na sua simplicidade: o capitalismo havia se tornado competitivo e, ao mesmo tempo, monopolista, o que obrigou os Estados industriais a criarem impérios coloniais e os levou a uma guerra total pela dominação do mundo.

Já outros autores, especialmente os da tradição liberal, pensavam justamente o oposto. Norman Angell, por exemplo, escreveu um famoso livro, publicado em 1909, com o título de *A grande ilusão*. Nele, o argumento era de que as economias industriais estavam tão conectadas que a guerra não valeria a pena economicamente: os custos e as perdas do conflito não compensariam possíveis ganhos em território na Europa e no mundo colonial.

A tese de Lenin é simplista e determinista demais, mas acabou por se revelar mais sólida, até porque descreve o que efetivamente ocorreu: a disputa por espaços de poder, territórios e colônias ajudou a tornar o ambiente internacional tão competitivo que as chances maiores eram de que um conflito eclodisse e não o contrário. A própria tese de Angell, por sua vez, tem que ser vista com cuidado: não apenas a maciça interdependência entre as potências industriais (e o intenso comércio entre elas) não preveniu a guerra, como também o próprio esforço do autor de convencer justamente os alemães de que teriam mais a lucrar com a paz do que com a guerra evidentemente não deu certo.

Em resumo, apesar de ser difícil estabelecer vínculos de causalidade precisa, é inegável que as guerras mundiais (e, especialmente, a Primeira Guerra Mundial) foram a conclusão lógica do esforço das potências europeias em retalhar o mundo. Disputas territoriais na própria Europa, medo de cerco por alianças mais fortes e outros motivos estavam, claro, presentes, mas, sem o clima competitivo exacerbado pelo imperialismo, é difícil acreditar que a Europa tivesse entrado em um conflito de longa duração para redefinir o mundo, entre 1914 e 1945, e se autodestruído no processo.

Os alemães, afinal, sonhavam com a criação de um imenso império colonial no leste da Europa e de um africano no centro da África, e com a expansão de sua área de influência no Oriente Médio. Já os italianos tinham os seus sonhos imperiais focados na região do mar Adriático e nos Alpes, mas, igualmente, no norte e sudeste africanos. O Japão, por sua vez, queria construir um império na Ásia e no Pacífico. Além disso, os vencedores da Primeira Guerra Mundial não hesitaram em dividir entre si os despojos coloniais dos perdedores para ampliarem seus próprios impérios, especialmente no Oriente Médio e na África, em prejuízo dos alemães e dos otomanos.

As guerras mundiais, da mesma forma, tiveram um caráter imperial porque foram travadas também nos territórios coloniais e foram decididas, em boa medida, pela mobilização maciça dos recursos imperiais disponíveis: sem seus impérios, é duvidoso que a Rússia/União Soviética, a França, os Estados Unidos e a Grã-Bretanha pudessem ter lutado por tanto tempo e, ao final, derrotado a Alemanha, o grande competidor recém-chegado ao "mercado imperial".

As periferias imperiais do Império Russo, por exemplo, testemunharam combates intensos em ambas as guerras mundiais. Especialmente na longa faixa entre Moscou e Berlim, passando pela Ucrânia e pelo Cáucaso, a disputa imperial foi intensa entre alemães e russos. Também houve muitos combates na África e no Oriente Médio. No Oriente, o Japão não apenas conquistou territórios alemães na Primeira Guerra Mundial, como também franceses, ingleses, holandeses e americanos na Segunda. As duas guerras mundiais só se definiram quando o núcleo do poder inimigo (a Alemanha acima de tudo) foi derrotado ou destruído. Mas os combates nos territórios coloniais foram intensos, o que refletia tanto um interesse em atacar o inimigo em qualquer lugar que fosse possível quanto de privá-lo dos recursos locais.

Homens e recursos canalizados pelos impérios foram fundamentais para a vitória dos Aliados, nas duas guerras mundiais. Os Estados Unidos mobilizaram recursos econômicos de suma importância na América Latina, e o Império Russo/União Soviética fez o mesmo no imenso espaço eurasiano sob seu controle. O Império Britânico também só pôde lutar contra a Alemanha em dois conflitos porque tinha os recursos econômicos de um quarto da Terra com que combater – sem o trigo canadense, os minerais africanos, o petróleo do Oriente Médio, a renda advinda dos impostos indianos e outras contribuições do Império, a Grã-Bretanha seria apenas um pequeno país tentando se opor à Alemanha e teria sido, provavelmente, derrotada. O Império Francês também foi essencial para que a França tivesse os recursos econômicos para a guerra de 1914-1918 e para a sua própria sobrevivência nacional após 1940.

Outra contribuição fundamental das colônias para os impérios em guerra foi a de soldados para a luta. Indianos, árabes, africanos, caribenhos e outros povos então sob domínio europeu lutaram sob bandeiras europeias nos *fronts* de guerra da Ásia, Oriente Médio, África e mesmo na Europa, tanto em 1914-1918 como em 1939-1945, conforme será visto no capítulo "Renovação, colapso e renascimento dos impérios".

Quase todos os africanos ou os asiáticos eram voluntários, atraídos especialmente por soldos e benefícios materiais oferecidos pelos países colonialistas. Salvo exceções, não houve recrutamento compulsório, mas uma pressão intensa, nas colônias, para conseguir homens que combatessem. Eles receberam alguns pequenos privilégios quando na Europa, como alimentação apropriada à sua fé religiosa, no caso dos muçulmanos, e respeito a alguns dos seus costumes. Regra geral, eles não foram utilizados como "carne de canhão", como se imagina, mas todos sofreram com os horrores dos combates e com o racismo velado (ou não) da maioria dos combatentes brancos.

Um caso interessante – pensando em uma perspectiva "quase colonial", mas internalizada em um Estado nacional – foi o dos negros americanos, dos quais 350 mil serviram com a Força Expedicionária Americana na Europa entre 1917 e 1918; número elevado para 1,2 milhão de homens em 1941-1945. Mesmo recrutados em proporção maior do que os brancos, foram, na maior parte dos casos, relegados a serviços acessórios e comandados por oficiais brancos, num tratamento semelhante ao colonial – o que mostra que a mentalidade colonial e racista podia se manifestar até mesmo dentro de um Estado-nação consolidado como os Estados Unidos.

Fica claro, por tudo o que foi visto, que os impérios funcionavam dentro de uma lógica comum entre o fim do século XIX e o final da Segunda Guerra Mundial, em 1945. Administradores coloniais, intelectuais e políticos dos mais diversos Estados podiam comparar suas experiências, justamente porque o quadro mental do imperialismo era essencialmente o mesmo. Ainda assim, é claro que havia diferenças relevantes entre as várias experiências imperiais, pelo que é importante recuperar as singularidades.

Potências consolidadas (1875-1914)

O IMPÉRIO BRITÂNICO

O Império Britânico foi o maior que já existiu e serviu de modelo para todos os outros, especialmente nos séculos XIX e XX. No seu auge, em 1921, ele tinha territórios em todos os continentes e exercia um poder hegemônico em boa parte do mundo. Além do seu território metropolitano, o Império Britânico compreendia extensas colônias de povoamento no Canadá, na Austrália, na Nova Zelândia, em Terra Nova e em partes do sul da África, onde viviam dezenas de milhões de oriundos da Grã-Bretanha e da Irlanda. As colônias para exploração econômica incluíam extensas áreas na África e no Oriente, a Índia e até mesmo pequenos territórios na América Latina, como a Guiana, Belize e diversas ilhas no Caribe. Seus enclaves comerciais também continuavam funcionando em diversas partes do mundo, como em Hong Kong.

76 IMPERIALISMO

O Império Britânico em seu auge, em 1921

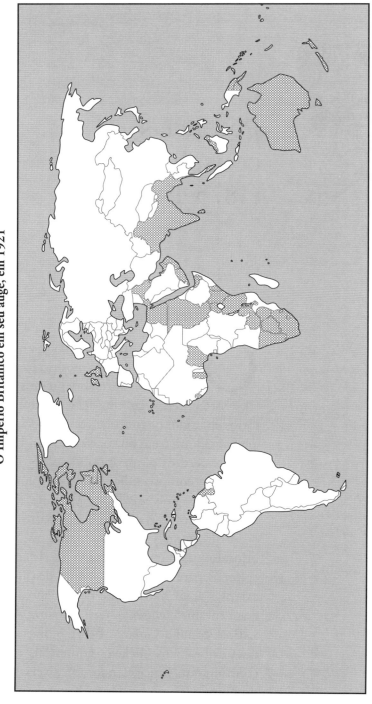

O Império Britânico no seu auge em 1921, antes da independência da Irlanda e após ter absorvido parte das antigas colônias alemãs e otomanas.

Grande parte desses territórios era administrada diretamente por Londres, enquanto outras eram configuradas no formato de protetorados, como o Egito e partes da África. Esses territórios foram ampliados depois da Primeira Guerra Mundial, quando boa parte das colônias alemãs na África e das possessões otomanas do Oriente Médio foi incorporada, no formato de Mandatos da Liga das Nações.

O Império Britânico controlava os principais pontos estratégicos do mundo, dispondo de bases navais não apenas nos territórios coloniais, mas também em vários territórios e ilhas que permitiam o controle dos oceanos: Gibraltar, Malta, Chipre, Alexandria, Cidade do Cabo, Áden, Cingapura, Bermudas e tantos outros. Na virada do século XIX para o XX, o poder naval britânico estava sendo questionado, mas ainda era dominante em termos globais. Através do seu domínio naval, da força da sua economia (industrial e, depois, financeira) e pelo fato de ser o emissor da moeda de troca global, a libra esterlina, o Império Britânico também exercia um poder hegemônico na América Latina, em áreas periféricas da Europa (como Espanha, Portugal e os Bálcãs) e no Oriente Médio.

Em 1939, o Império Britânico abrangia 35 milhões de km², com 458 milhões de habitantes, o que significava aproximadamente um quarto da área e 20% da população mundial. O Reino Unido em si compreendia apenas 1% do território imperial e os brancos, incluídos os que viviam nos Domínios, eram somente 75 milhões, ou seja, 16% da população. Cerca de um quarto do mundo estava pintado de vermelho, a tradicional cor do Império nos mapas por ele produzidos, em 1939. O Império dominava a produção mundial de inúmeros produtos agrícolas tropicais e minerais, como arroz, cacau, chá, lã, borracha, estanho, manganês, níquel, ouro, juta, açúcar, carvão, cobre e petróleo. Controlava 15% da produção mundial de trigo, carne, manteiga, algodão, ferro e aço, e tinha investimentos maciços espalhados pelo território imperial, nos países dependentes e também nos Estados Unidos e em outros Estados europeus.

A unificação da Grã-Bretanha se completara em 1707, com a união da Inglaterra com a Escócia. A Irlanda estava sob controle britânico desde o século XVI, mas só foi formalmente anexada em 1800. A Irlanda chega a ser considerada, por muitos, "a primeira colônia britânica". Após a conquista inglesa, ainda no século XVI, as melhores terras foram confiscadas e colocadas à disposição de colonos vindos da Inglaterra, da Escócia e do País de Gales. Além disso, uma série de normas foi criada para alijar os irlandeses do poder e facilitar que eles se tornassem uma fonte de mão de obra barata para os colonizadores britânicos. Os irlandeses também forneceriam trabalhadores para a economia da Grã-Bretanha e soldados para as guerras britânicas por séculos, só tendo conseguido a sua independência em 1922.

Interessante observar a forma como essa dominação era justificada, já que os irlandeses eram europeus. Até o século XIX, o seu catolicismo era visto como fonte do seu atraso e justificativa para que os protestantes da Grã-Bretanha, considerados mais avançados, os governassem. Já nos séculos XIX e XX, esse preconceito religioso ganhou traços raciais: os irlandeses, celtas de origem, seriam considerados racialmente inferiores aos povos de origem anglo-saxã.

Os ingleses haviam participado da Era dos Descobrimentos como ativos comerciantes ao redor do mundo e também como piratas. Com o tempo, instalaram colônias para a produção de açúcar e fumo no Caribe e no Sul dos Estados Unidos, além de enclaves comerciais na Índia, em alguns pontos do Canadá e em outras partes da Ásia. O primeiro Império Britânico era relativamente pequeno e homogêneo, centrado no comércio, em algumas ilhas produtoras de açúcar e na colonização demográfica da América do Norte. Os britânicos foram os pioneiros na ideia da colonização demográfica: já no século XVI, eles começaram, como já indicado, a enviar colonos protestantes à recém-conquistada Irlanda, confiscando terras dos irlandeses católicos. Nessa mesma época, surgiram as primeiras ideias de enviar indigentes e desocupados para a América do Norte, inicialmente para a Terra Nova e depois para as diversas colônias ali implantadas. As colônias absorveriam a população excedente do reino, garantiriam a posse das novas terras, consumiriam produtos da metrópole e forneceriam produtos, como peles e madeira.

Esse primeiro império foi útil para que o capitalismo se desenvolvesse na Grã-Bretanha, não apenas pelos lucros do comércio e por favorecer a consolidação do Estado e das instituições, mas também por permitir trazer de fora artigos que não poderiam ser produzidos internamente, como açúcar, fumo, algodão, peles. É impossível saber se o capitalismo teria surgido e se desenvolvido no Reino Unido, caminhando para a Revolução Industrial em fins do século XVIII, sem os lucros comerciais desse primeiro império. Parece provável que não, pois foram as demandas da expansão comercial e os recursos que vieram de fora que permitiram a uma pequena ilha do noroeste da Europa dominar o mundo.

Ao final da Guerra dos Sete Anos, em 1763, a conquista da Flórida, do Quebec e de vários territórios na Índia e no Caribe tornou o Império Britânico mais heterogêneo e disperso. A independência dos Estados Unidos e a conversão da Grã-Bretanha em uma potência industrial fizeram-na alterar a sua percepção imperial. Tal conversão, contudo, passou por fases e fomentou grandes discussões dentro do país.

A perda das 13 colônias e o vínculo da colonização americana com a escravidão levaram britânicos, que a condenavam por razões morais, a um crescente sentimento anticolonial: como conciliar as liberdades britânicas com escravos e a dominação sobre outros povos? Além disso, a percepção de que o livre-comércio seria favorável a industriais e comerciantes britânicos fortaleceu a ideia de que o melhor a fazer seria abandonar as colônias, exceto aquelas onde se dava o colonialismo demográfico. Os grandes defensores dessas propostas, nos anos 1830, foram Edward Gibbon Wakefield e seus adeptos, que acreditavam que expandir a própria Inglaterra via colonização demográfica (na Austrália e no Canadá) era a única forma de criar um complemento confiável para a metrópole, superando a era dos trabalhadores forçados e dos escravos. Em 1865, o Parlamento chegou a sugerir que o Reino Unido abandonasse as colônias remanescentes, com exceção das de colonização branca.

É possível argumentar contra essa visão de um imperialismo britânico pouco desejoso de conquistar terras quando nos recordamos do caso indiano. Naquela região, os britânicos, através da Companhia das Índias Orientais e, depois, do próprio Estado, continuaram a conquistar terras e assumir o controle direto de vastos territórios, mesmo sem quaisquer projetos de colonização demográfica em vista. A Índia era tão valiosa e lucrativa que o controle direto foi planificado e posto em prática desde o início. A Índia, contudo, parece ser uma exceção à regra.

Pouco mais de uma década depois, o cenário mudaria, e tanto o governo como a opinião pública passaram a defender a expansão imperial. Até políticos importantes, como o primeiro-ministro Benjamin Disraeli, que haviam sido contrários à expansão colonial, agora eram favoráveis à preservação e à expansão do Império Britânico. Nas décadas de 1880 a 1910, o Império Britânico se expandiu, especialmente na África (com destaque para a África do Sul) e em partes da Ásia.

Na verdade, a maior parte dos territórios adquiridos a partir de 1875 tinha um valor limitado em termos econômicos. As partes mais ricas do Império

Britânico – os Domínios e a Índia – já estavam sob o seu controle em 1875. Na maioria das vezes, as novas anexações foram feitas para garantir a segurança de possessões antigas, para impedir que os interesses econômicos britânicos fossem excluídos de áreas com algum potencial ou para indicar para a opinião pública nacional e mundial que o Império Britânico não estava em decadência, já que continuava a se expandir.

As maiores exceções, ou seja, conquistas feitas no final do século XIX, que foram essenciais para o sistema imperial britânico, incluíam o Egito, graças ao canal de Suez, e a África do Sul. Esta última era estratégica por estar na fronteira entre os oceanos Atlântico e Índico, mas foi só com a descoberta do ouro em 1884, evidenciando a enorme riqueza do país, que ele se tornou fundamental: procurou-se então expandir a antiga província do Cabo para englobar as áreas de riqueza mineral. Isso levou a conflitos com os habitantes negros locais e também com os descendentes dos antigos colonizadores holandeses, os bôeres. A guerra que se seguiu, entre 1899 e 1902, foi uma das maiores do Império Britânico, que mobilizou meio milhão de homens para conseguir a vitória. Um objetivo simples: as minas de ouro, diamantes e outros minerais eram tão lucrativas que tinham que ficar com as empresas britânicas.

De qualquer forma, é inegável que a grande joia do Império Britânico era a Índia, e manter afastados dela os rivais foi a questão estratégica central do Império Britânico por vários séculos e, especialmente, na Era dos imperialismos. A Rússia, que vinha se expandindo em direção ao sul, foi mantida afastada através da criação de um Estado-tampão, o Afeganistão. Até hoje, o mapa desse país tem uma pequena faixa de terra a oeste que não faz sentido geográfico, mas que foi cuidadosamente desenhada para separar o Império Russo da Índia britânica, cujas fronteiras ultrapassavam as da Índia de hoje. Já a segurança das rotas marítimas para a Índia era garantida pela supremacia naval britânica e por uma rede de bases navais, que cobria todos os pontos de estrangulamento marítimo e garantia o reabastecimento de carvão na longa rota entre os portos britânicos e indianos, como Gibraltar, Malta, Chipre, Egito, Áden, Cidade do Cabo e Alexandria.

Essa preocupação era justificável pelo simples fato de que a Índia era um mercado cativo para a produção manufatureira britânica: no início do século XX, o país absorvia metade da produção têxtil da Grã-Bretanha e o superávit assim obtido era essencial para manter positiva a balança de pagamentos britânica. Os impostos ali arrecadados pagavam os custos da administração colonial, mesmo dos escritórios em Londres, e ainda havia um superávit, absorvido pelo Tesouro britânico. Além disso, os soldados indianos eram essenciais para as guerras imperiais promovidas pelos britânicos.

Para os indianos, pertencer ao império comandado por Londres não era um bom negócio. Houve vantagens, como a introdução das ferrovias e de práticas modernas de higiene e administração, mas em geral podemos dizer que a dominação britânica trouxe mais malefícios do que benefícios. Sob o domínio britânico, o PIB *per capita* da Índia não cresceu entre 1820 e 1870 e subiu apenas 0,5% de 1870 a 1913. De 1913 a 1947, esse crescimento foi ainda menor. Em parte, a produtividade não crescia porque a Índia não tinha feito a Revolução Industrial, mas também porque a política colonial britânica não a estimulava, em favor da transferência de recursos para a Grã-Bretanha. Além disso, a balança de pagamentos e do comércio era manipulada para favorecer os britânicos. Do ponto de vista do Reino Unido, portanto, a estrutura colonial era um negócio lucrativo e que fazia valer todos os gastos para sua manutenção.

O caso da Índia é um bom exemplo, igualmente, das conexões entre o sistema colonial da Era Moderna e o da Contemporânea. Desde a chegada da frota de Vasco da Gama ao subcontinente indiano em 1498, os portugueses, aproveitando-se das rivalidades regionais, conseguiram estabelecer no local feitorias e postos comerciais. No século XVII, contudo, eles perderam essa hegemonia para os holandeses ou, mais especificamente, para a Companhia Holandesa das Índias Orientais, uma empresa privada que foi o ator central do comércio mundial naquele século, mas que perderia espaço para a sua equivalente britânica no seguinte, quando os franceses também foram expulsos do subcontinente.

Em meados do século XIX, entretanto, o sistema de monopólio gerido pela Companhia das Índias Orientais, em associação com a Coroa britânica, estava em decadência e era questionado pelos princípios liberais que se difundiam na Europa. Em 1858, após uma grande rebelião indiana contra o domínio britânico, o Estado britânico assumiu o controle direto do território e o expandiu até abranger todo o subcontinente. Mesmo com o fim do domínio mercantilista da Companhia, os comerciantes britânicos tinham quase total controle do mercado, e várias medidas foram tomadas para eliminar a concorrência local e aumentar a importação de produtos da Grã-Bretanha, especialmente têxteis. Seja produzindo para o comércio britânico, seja absorvendo seus produtos, a Índia continuou uma peça-chave no sistema imperial britânico.

Depois da Índia, os Domínios eram a parte mais rica do Império. Como dissemos, um Domínio era, em essência, um território que estava sob a jurisdição do monarca britânico, mas que havia adquirido o direito ao autogoverno, com poderes que foram sendo ampliados com o tempo. Essencialmente, eram territórios de população branca majoritária ou, no mínimo, expressiva. No começo, havia vários territórios que tinham esse título, os quais foram agrupados em unidades maiores com o passar do tempo: Canadá (1867), Austrália (1901), Nova Zelândia e Terra Nova (1907), África do Sul (1910) e a Irlanda (1922). Sua produção agrícola, mineral e industrial (no caso do Canadá, que se industrializou mais cedo do que os outros) e sua colaboração militar com o Império Britânico foram essenciais para que este prosperasse.

Com o maior desenvolvimento da industrialização e o aumento da população britânica (de 21 milhões de habitantes em 1851 para 41 milhões em 1911), a importação de produtos alimentícios básicos, como trigo, carne, ovos e manteiga, cresceu de forma exponencial, atendida especialmente pela Austrália, pela Nova Zelândia e pelo Canadá. A parte do império nas importações de carne chegou a 25% em 1911, quando a do trigo chegou a 48%. A infraestrutura para essas exportações foi construída em boa medida pelos capitais britânicos, o que ocorria em detrimento dos investimentos na própria Inglaterra. Mas isso permitia a essas colônias se desenvolver e comprar mais produtos ingleses; os dividendos das empresas criadas nos Domínios também eram enviados a Londres. A única disfunção do sistema, ainda que menor, foi revelada quando o Canadá intensificou o seu comércio com os Estados Unidos.

"Seguindo os passos do velho pai." Pôster da época da Primeira Guerra Mundial retrata a imagem que o Reino Unido procurava passar de sua relação com seus Domínios: não uma subordinação colonial, mas uma relação de "pai para filho", em que o Reino Unido seria o grande líder da "alcateia".

No cômputo geral (incluindo as colônias, os protetorados e os Domínios), o total de importações dos territórios do Império passou de 22 para 25% das importações totais inglesas entre 1854 e 1913. Ainda assim, o valor delas quadruplicou, enquanto as exportações inglesas para o Império se multiplicaram por oito. Os recursos minerais e agrícolas africanos e asiáticos e o comércio com os Domínios faziam a fortuna de várias empresas britânicas, e os impostos ajudavam a manter a predominância econômica e militar que permitia ao Império funcionar, mesmo espalhado pelos cinco continentes.

O imperialismo informal também era essencial para a proeminência britânica no mundo. No final do século XIX, a participação britânica na produção industrial mundial já havia caído de forma expressiva, especialmente em comparação aos impressionantes crescimentos alemão e americano. A Grã-Bretanha, contudo, se beneficiava enormemente de suas conquistas e avanços anteriores e, de primeiro país industrial do mundo, começou a se converter no primeiro pós-industrial. A City de Londres passara a ser o lugar onde se dava a maior parte das transações comerciais e financeiras mundiais, incluindo seguros e financiamentos. A frota mercante britânica ainda era dominante e sua posição no mercado de capitais continuava sendo, de longe, a maior: em 1914, quase metade dos investimentos no mundo vinha do Reino Unido. Os juros dos empréstimos, os dividendos dos investimentos e os ganhos com fretes e seguros pagavam o déficit comercial britânico e garantiam a sua supremacia no mundo.

Quando do Jubileu da rainha Vitória, em 1897, desfilaram em Londres, além de soldados e marinheiros metropolitanos, militares canadenses, indianos, africanos e do Pacífico Sul. Onze primeiros-ministros pertencentes aos vários Domínios também participaram do desfile, além de reis, príncipes e dignatários de toda a Europa. O Império estava em seu auge, e atraía a inveja, o ódio, a admiração e o interesse de todos os outros.

OS IMPÉRIOS FRANCÊS, HOLANDÊS E BELGA

Holandeses e belgas tinham impérios substanciais na virada do século XIX para o XX. A principal colônia holandesa era a hoje Indonésia, onde os holandeses já estavam presentes desde o século XVII. Eles aprofundaram posteriormente o seu domínio, com guerras em Java nos anos 1830 e repressão contínua a rebeliões e levantes desde o final do século XIX até a Primeira Guerra Mundial. Graças à exploração da mão de obra local em atividades de mineração e agrícolas, a Indonésia era uma colônia muito lucrativa.

Leopoldo II, o rei belga, era um entusiasta da expansão colonial, tanto que havia apoiado a aventura de seu genro, Maximiliano, no México, entre 1864 e 1867. A opinião pública e as elites belgas, mesmo assim, não consideravam que uma expansão valesse a pena, tanto que o rei teve que constituir uma associação privada, em 1876, para a conquista do Congo. Contudo, o interesse pelas colônias cresceu nos anos seguintes e, na Bélgica, a percepção da questão das colônias se alterou no final do século XIX. Posteriormente, quando a Bélgica herdou, em 1909, o experimento colonial do rei Leopoldo II, o país passou a investir grandes capitais na exploração dos imensos recursos minerais e agrícolas do país.

O CONGO BELGA

Leopoldo II, rei dos belgas entre 1865 e 1909, era um ardente defensor da expansão colonial europeia e da participação dos belgas no processo. Por duas décadas após a sua ascensão ao trono, ele procurou adquirir territórios coloniais para seu país, mas sem conseguir convencer o próprio governo belga das vantagens dessa expansão.

Na Conferência de Berlim de 1884-1885, ele conseguiu persuadir as potências europeias a ceder a ele mesmo, não ao Estado belga, uma vasta área no centro da África, o Congo. Entre 1885 e 1908, o Estado Livre do Congo se tornou uma propriedade pessoal do monarca, administrada como uma empresa privada.

Ali se implantou um sistema brutal de exploração colonial: aos africanos eram impostas cotas de produção de produtos valiosos (borracha, marfim, minerais etc.). O rei, afinal, precisava de grandes retornos financeiros para pagar os enormes débitos que ele havia acumulado para bancar sua iniciativa. A punição para os que não conseguissem atingir as cotas era morte, tortura ou mutilação, em um nível de brutalidade tão absurdo que levou à redução da população africana pela metade e chocou os próprios europeus. O escritor Joseph Conrad (1857-1924) escreveu um livro famoso – *Coração das trevas* – em 1899 denunciando justamente a barbárie no Congo.

Em 1908, a pressão internacional obrigou o Estado belga a assumir o controle direto da colônia. Até a independência, em 1960, a exploração dos vastos recursos minerais e da população local por parte das empresas e do Estado belga continuou, ainda que sem os níveis de brutalidade anteriores.

POTÊNCIAS CONSOLIDADAS (1875-1914) 85

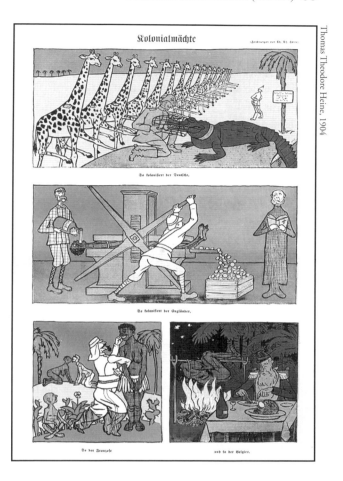

As diferenças entre os colonialismos europeus na África conforme caricatura da revista alemã *Simplicissimus* de 1904: os alemães traziam ordem, os ingleses sugavam as riquezas, os franceses se integravam aos povos locais e os belgas destruíam tudo o que viam.

Tanto a Holanda como a Bélgica comandavam colônias de exploração lucrativas para os dois pequenos países, os quais controlavam territórios na África e na Ásia com 5 vezes a sua população e 70 vezes o seu território na Europa.

Não obstante, o segundo maior Império do mundo na Era dos imperialismos foi, sem dúvida, o Francês, ainda que bem atrás do Britânico em termos de área, população e valor econômico. Em 1939, a França dominava 11,5 milhões de quilômetros quadrados de território, com 110 milhões de habitantes. Desses, 42 milhões eram residentes na França e apenas 68 milhões em territórios coloniais, o que indica como a maioria era esparsamente povoada.

Além de territórios e ilhas espalhados pela Ásia, pelo Caribe e pela região do Pacífico, a França conseguiu uma posição importante no Oriente Médio após 1918, quando obteve, no formato de Mandatos, o controle da Síria e do Líbano. Não obstante, a maior parte dos territórios franceses estava na África: praticamente toda a parte norte-ocidental do continente estava sob seu controle, mas tratava-se em essência de áreas desérticas, com pouco valor para a colonização demográfica, e onde eram explorados essencialmente produtos tropicais de exportação e minerais. As colônias francesas mais ricas eram o Senegal e a parte norte do continente: a Argélia era considerada parte do território metropolitano, e a Tunísia e o Marrocos eram Protetorados. A Argélia era, provavelmente, a colônia mais presente no imaginário francês, tanto pela proximidade geográfica e pelos vastos lucros que as empresas francesas ali obtinham, como porque ali se imaginava ser possível a construção de uma Nova França.

Contudo, a colônia francesa mais lucrativa era a Indochina. Essa joia da Coroa do Império Francês exportava arroz para seus vizinhos asiáticos, assim como carvão e outros minerais. A grande riqueza, porém, era a borracha, produzida a partir de grandes plantações geridas por colonos e empresas francesas, mas explorando a mão de obra local. Explorada e exportada pelos franceses, a borracha era uma grande fonte de lucro para os colonos franceses, e importante para a indústria e para a balança de pagamentos francesas.

O primeiro Império Francês foi sendo constituído de forma gradativa, desde o século XVI até o XVIII, quando se expandiu pela África, pela Ásia, pelo Caribe e pela América do Norte. Nas ilhas do Caribe, estavam as colônias mais ricas, produtoras de cana-de-açúcar a partir do trabalho escravo. Na Índia, estavam instaladas feitorias comerciais. E o comércio de peles era a base de um vasto império comercial, mas escassamente povoado (já que os franceses não compartilhavam, naquele momento, da crença britânica no colonialismo demográfico) no Canadá e na Luisiana. O rio Mississipi foi, por muito tempo, a artéria-chave dos franceses na América.

Ao mesmo tempo, a Monarquia e o Estado-nação francês estiveram à frente de um contínuo processo de expansão territorial na Europa, avançando suas fronteiras em direção ao Reno. A França se engrandecia territorialmente na Europa, ampliando as fronteiras do seu Estado, e também no mundo colonial, em dois processos simultâneos que se intercruzavam, mas que não eram iguais. No século XVIII, contudo, ela perdeu parte substancial do seu Império, na Índia e na América do Norte, para o Reino Unido.

Na Era Napoleônica, grandes mudanças aconteceram. Napoleão Bonaparte, até para superar o *status* dos reis depostos da França, assumiu, em 1809, o título de imperador. E o Império Francês se expandiu na Europa: diversos territórios foram simplesmente anexados ao território francês (como os Países Baixos, a Bélgica e partes da Itália), enquanto outros passaram a ser administrados como Estados-clientes. Napoleão também tentou a expansão para fora da Europa, com expedições para o Egito e para o Haiti, mas, ao perder o domínio dos mares para o Império Britânico, acabou por se concentrar no Velho Continente. Vários postos comerciais e colônias foram capturados pelas forças britânicas e a Luisiana foi cedida aos Estados Unidos.

O período napoleônico é indicativo das contradições imperiais francesas naquele momento. Em países da Europa, a chegada das tropas francesas significava a difusão das instituições e da mentalidade derivadas da Revolução Francesa, e a eliminação das estruturas feudais e do Antigo Regime, em um viés autoritário, mas progressista. No mundo colonial, a situação era diferente: apesar de, em um primeiro momento, a França revolucionária proclamar suas colônias como parte do corpo da pátria e todos os seus habitantes tornarem-se cidadãos, isso foi logo revertido, e quando Napoleão enviou uma expedição para reconquistar o Haiti em 1802, um dos seus propósitos era reinstaurar a escravidão.

Com a derrota francesa em 1812, esse primeiro império praticamente desapareceu, com exceção de algumas ilhas e postos coloniais. A partir de 1830, contudo, uma nova onda expansionista começou. A França ocupou a Argélia nesse ano e, nas décadas seguintes, obteve novos territórios na Indochina, no Senegal e no Marrocos. A França também passou a ser extremamente ativa na América Latina, reforçando as suas possessões remanescentes nas Antilhas e fazendo uma série de intervenções navais, como no rio da Prata entre 1838 e 1840, quando bloqueou o porto de Buenos Aires.

Foi no México, no entanto, que a França imaginou que poderia criar um novo império na América Latina, em oposição ao poder crescente dos Estados Unidos. Franceses, britânicos e espanhóis enviaram forças navais e terrestres ao país em 1861 para a cobrança de dívidas, mas apenas os franceses decidiram fazer dessa ação uma ocupação permanente: a partir de 1862, uma força terrestre francesa esteve estacionada no México, combatendo o seu governo legal. Em 1864, os franceses, em associação com grupos conservadores mexicanos, tomaram a decisão de remodelar completamente a forma de governo do México, criando um "Império Mexicano" e dando a

Coroa ao arquiduque austríaco Maximiliano de Habsburgo, uma experiência finalizada em 1867 (e que será mais bem explorada no capítulo "Potências periféricas (1875-1914)"). A partir de então, o foco do imperialismo francês deixou de ser a América Latina, e passou para a África e a Ásia.

A nova expansão colonial francesa ganhou força na década de 1870, após a derrota do Segundo Império para a Prússia: a corrida imperial passou a ser vista não apenas como algo positivo, mas como indispensável para a sobrevivência do país como uma grande potência. Um novo projeto colonial começou então a tomar forma, com objetivos mais definidos e difundidos, e com cada vez maior aceitação pela sociedade como um todo, até mesmo em círculos de esquerda. Um dos seus marcos foi a publicação, em 1874, do livro *La Colonisation chez les peuples modernes* (A colonização entre os povos modernos), por Paul Leroy-Beaulieu, um verdadeiro manifesto pela expansão renovada da Europa no além-mar.

Um dos maiores impulsionadores do imperialismo francês foi o primeiro-ministro Jules Ferry, no cargo entre 1880 e 1885. A sua atuação é, mais uma vez, emblemática das contradições do imperialismo francês: ao mesmo tempo que colocou em prática medidas republicanas e anticlericais e instituiu o ensino obrigatório na França, ele promoveu o expansionismo francês na África (Madagáscar, Tunísia etc.) e na Indochina. Em outras palavras, ele fomentava o desenvolvimento econômico e a cidadania na França, mas defendia a superioridade racial dos europeus, cujo dever era "civilizar os povos inferiores", e argumentava que a França tinha que usar seu império para enriquecer e recuperar o seu posto como grande potência europeia, depois da humilhação da derrota de 1870.

As críticas ao novo imperialismo, vindas especialmente da esquerda, também são emblemáticas do debate em torno da questão naqueles anos. Criticava-se a hipocrisia de supostamente civilizar através da criação de um sistema de dominação; questionava-se se os gastos excessivos com as conquistas imperiais não acabariam superando os benefícios para a indústria francesa; e perguntava-se como seria possível construir um império nos moldes do colonialismo demográfico britânico se a França tinha uma natalidade baixa, sem sobras populacionais para colonizar outras terras.

Ao final, é possível observar, nesse debate dos anos 1880, a relação direta dos projetos imperialistas com o nacionalismo: o expansionismo seria elemento de fortalecimento ou de enfraquecimento do Estado e da nação francesa frente ao desafio representado pelo Império Alemão?

COLEÇÃO
HISTÓRIA NA UNIVERSIDADE – TEMAS

CIVILIZAÇÕES PRÉ-COLOMBIANAS
Alexandre Guida Navarro

ESTADOS UNIDOS NO SÉCULO XX
Flávio Limoncic

GUERRA DO PARAGUAI
Vitor Izecksohn

IGREJA MEDIEVAL
Leandro Duarte Rust

IMPERIALISMO
João Fábio Bertonha

INDEPENDÊNCIA DO BRASIL
João Paulo Pimenta

JUVENTUDE E CONTRACULTURA
Marcos Napolitano

PRÉ-HISTÓRIA DO BRASIL
Pedro Paulo Funari
Francisco Silva Noelli

REFORMA E CONTRARREFORMA
Rui Luis Rodrigues

RENASCIMENTO
Nicolau Sevcenko

REVOLUÇÃO FRANCESA
Daniel Gomes de Carvalho

ROTA DA SEDA
Otávio Luiz Pinto

SEGUNDA GUERRA MUNDIAL
Francisco Cesar Ferraz

UNIÃO SOVIÉTICA
Daniel Aarão Reis

Siga a Contexto nas Redes Sociais e assine nossa Newsletter:
@editoracontexto

A própria colonização da Argélia indica como o pensamento e a prática coloniais se alteraram no decorrer do longo século XIX. Em um primeiro momento, a invasão francesa da Argélia não obedecia a um plano preestabelecido. A então província otomana era foco de pirataria, e havia várias pendências comerciais e financeiras com os franceses. Além disso, após as revoltas de 1830, o rei francês precisava apresentar à opinião pública um feito patriótico, o que levou à decisão da invasão. Foi um movimento cheio de hesitações, mas, com o tempo, a própria guerra virou uma questão de honra e havia sempre o risco de o território ser ocupado pelos britânicos. Depois de décadas de luta, a Argélia acabou por ser imaginada como um complemento da França: estando tão perto da Europa, a Argélia poderia ser colonizada por franceses e seria um escoadouro perfeito para os produtos industriais franceses. Com o passar do tempo, ademais, os interesses do capitalismo francês deram as cartas: as empresas francesas começaram a fazer investimentos na Argélia e explorar suas riquezas minerais, sendo o lucro garantido pela presença do Estado, que bancava boa parte da infraestrutura e garantia a obediência da mão de obra local.

Ainda sobre o norte da África, cumpre ressaltar novamente como a França administrou seu império na região segundo dois modelos diferentes. A Argélia, como visto, foi concebida como um prolongamento da metrópole, o que significava a administração direta por enviados de Paris e a possibilidade de colonização das melhores terras pelos franceses, mas essa condição também atribuía alguns direitos sociais e políticos aos argelinos.

Já o Marrocos e a Tunísia eram Protetorados, os quais estariam em "uma livre associação com a França", tanto que o sultão do Marrocos e o bei da Tunísia continuaram reinando e o poder francês era exercido em nome deles. Os colonos franceses foram pouco numerosos, o que significou menor confisco de terras (e menor ressentimento dos povos locais), e a administração francesa era, assim, menos invasiva no tecido social do que na Argélia. Não espanta que, durante a descolonização, tenha havido uma longa e sangrenta guerra na Argélia, mas não na Tunísia nem no Marrocos.

O Senegal, por sua vez, tinha uma presença comercial francesa desde o século XVII, mas foi só no século XIX que a ocupação francesa do território se efetivou; imediatamente começaram choques entre os colonos franceses e a administração de Paris. Paris considerou adequado assimilar ao menos os habitantes das cidades e aplicou o Código Civil, que garantia igualdade legal entre brancos e negros. Os colonos, contudo, queriam aproveitar a mão de obra negra para cultivar produtos como pistache, hévea e, acima de tudo, amendoim. O raciocínio era simples: já que o tráfico negreiro havia sido abolido, as colônias francesas nas Antilhas inevitavelmente entrariam em decadência e a alternativa seria colocar os negros para trabalhar para os franceses na própria África.

O segundo Império Francês teve, também, a particularidade de servir como uma compensação pelas derrotas francesas na Europa. As derrotas de 1870 e 1940 frente à Alemanha acabaram provocando um recrudescimento da vontade de poder francês: não importava, ao final, se o Império era ou não lucrativo ou se havia ou não franceses em número suficiente para colonizar a Argélia. A conquista ou a manutenção do Império era uma prova de vigor nacional. Ao mesmo tempo, a visão de que a França tinha uma "missão civilizadora" (*mission civilisatrice*) era particularmente forte em um país que acreditava com tanto vigor na sua superioridade cultural.

Esse caráter mais emocional do imperialismo francês não implica, evidentemente, afirmar que ele não era lucrativo. Como todos os imperialismos europeus, o francês pouco investia nas colônias, exigindo que elas se autofinanciassem. Os custos para manter a administração colonial e as forças policiais que garantiam a ordem acabavam sendo pagos pelos próprios dominados, e as empresas e os colonos franceses podiam explorar com facilidade os recursos locais. O balanço de pagamentos e comercial francês na Era dos imperialismos indica que a conquista das colônias significou um aumento substancial do comércio, e que as colônias serviam centralmente para fornecer matérias-primas e absorver produtos industrializados, com saldo positivo para a metrópole. Os franceses, obviamente, mantinham também trocas comerciais consideráveis. com outros países europeus e seus investimentos de capital na Rússia, por exemplo, eram consideráveis. Seu Império servia, contudo, como uma reserva comercial e de recursos, a qual se tornava ainda mais vital em momentos de maior competitividade global ou de crise, como nas guerras mundiais, durante a Crise de 1929 e na reconstrução após a Segunda Guerra Mundial.

O IMPÉRIO RUSSO

Desde o século XVI, o Império Russo se expandia, após ter adquirido anteriormente uma base territorial expressiva na Europa, na direção da Sibéria, chegando ao Alasca e até mesmo à Califórnia. Nos séculos XVII e XVIII, ele continuou incorporando territórios na fronteira ocidental, em detrimento da Suécia, da Polônia e de outros Estados da Europa Oriental, enquanto ao sul avançava no Cáucaso e no mar Negro, em prejuízo do Império Otomano. Seu império em terra crescia ao mesmo tempo que os europeus ocidentais criavam o seu nos oceanos e nas Américas.

No século XIX, a expansão territorial russa continuou pela Ásia Central e, posteriormente, voltou-se na direção da Índia, da Pérsia e da China. Em 1914, apesar de ter renunciado ao Alasca (vendido aos Estados Unidos em 1867), o Império Russo tinha 22,8 milhões de km² e uma população de 164 milhões de habitantes. Estendendo-se das fronteiras com a Alemanha às do Japão, e do Ártico às fronteiras persas e da Índia, o Império Russo foi o segundo maior em terras contíguas da história, atrás apenas do Mongol. Em 1914, o Império Russo tinha ambições de crescer ainda mais, com intenções de desmembrar o Império Otomano e conquistar Istambul e o acesso ao mar Mediterrâneo. Nos Bálcãs, na Pérsia e no Oriente, os russos também ambicionavam novas aquisições territoriais.

O Império Russo em 1914, um gigante territorial. Nos tons mais escuros do mapa, suas áreas de influência e o território da província do Alasca, vendido em 1867 aos Estados Unidos.

Dentre as centenas de povos, nações, tribos, religiões, línguas e grupos que formavam a população do Império, a hierarquização era evidente, em círculos concêntricos: havia um núcleo russo (que compreendia cerca da metade da população total em 1914), um eslavo (formado por ucranianos e bielo-russos, além dos poloneses), um de outros povos europeus e cristãos (como os armênios, os georgianos, os bálticos e os finlandeses) e um muçulmano, especialmente na Ásia Central e no Cáucaso. Moscou controlava também diversos povos asiáticos e a população judaica era numerosa. No total, cerca de 200 grupos étnicos, formando uma verdadeira Babel, eram mantidos unidos a partir de Moscou.

Um diferencial do Império Russo foi não ter uma base étnica, mas multinacional que o "justificasse" desde o início. Não houve um reino russo (*Russkaja imperija*) que se lançou depois à conquista imperial, mas, desde os primórdios, um Estado de povos diferentes sob um monarca único (*Rossijskaja imperija*) que privilegiava os cristãos ortodoxos e os russos (e os eslavos em geral), mas dava espaço aos outros, mesmo que em viés subordinado. Os novos territórios iam se tornando parte da mesma Rússia, ainda que os povos fossem hierarquicamente percebidos e administrados de forma diversa.

Os russos, desde o início do seu Império, reconheciam, portanto, o princípio da diferença. Não havia nem a possibilidade nem razões para enquadrar os novos súditos que o Império continuamente adquiria em uma única cultura ou religião. Às elites locais, logo, era dada autonomia para seguir suas próprias leis. Diferentemente dos americanos, que desde cedo pensaram em um sistema para organizar sua expansão territorial (a formação de novos estados com direitos equivalentes aos iniciais), os russos estabeleciam procedimentos conforme as circunstâncias. Dessa forma, certos territórios eram administrados diretamente por Moscou, outros tinham autonomia em níveis variados, e certas partes do Império (como o Reino da Polônia e o Principado da Finlândia) estavam em uma união pessoal com o monarca, ou seja, eram entidades separadas, mas sob o mesmo governante. Os direitos e os deveres de cada grupo para com o Estado e com o monarca russos também variavam de modo significativo, e é digno de nota que normalmente os impostos e a obrigação de serviço militar atingiam mais os russos do que os não russos.

Outra singularidade russa foi o fato de o território imperial formar uma continuidade geográfica. Ao contrário dos outros impérios europeus, que tinham o oceano como um divisor entre o seu território europeu e o colonial, os russos iam agregando mais e mais territórios em uma massa de terras que se expandia. Tal particularidade tornava mais difícil a separação precisa entre conquistadores e conquistados, que acabavam se mesclando com mais facilidade do que nos impérios oceânicos. Esse fato, contudo, não deve ser superestimado, pois as migrações internas eram relativamente pequenas no território imperial, com exceção da mudança de cerca de 4,5 milhões de russos e ucranianos destinados à colonização agrícola na Sibéria entre 1860 e 1914. Em fins do século XIX, 87% dos russos ainda viviam no seu território tradicional e ali havia muito poucos não russos. O Império Russo era um território com um único governo, e as mesclas e os contatos eram facilitados pela contiguidade geográfica, mas apenas até certo ponto.

Dentro do território imperial havia um núcleo central, eslavo e ortodoxo, que fornecia o grosso de administradores e soldados imperiais, e uma extensa área de colonização agrícola em territórios climaticamente semelhantes, como partes da Sibéria. Ao mesmo tempo, havia regiões de dominação direta, exploradas nos seus recursos minerais, florestais e agrícolas, além de vários protetorados e governos associados. Por fim, diversas cidades e regiões abrigavam bases militares russas localizadas em áreas estratégicas. O sistema administrativo multifacetado criado pelos europeus na conquista do mundo também existia na Rússia, mas adaptado ao fato de ele ter sido implantado em um território contínuo: toda a variabilidade institucional que os europeus utilizaram para administrar seus impérios também ocorreu no Império Russo, mas dentro do mesmo território.

Outra particularidade da Rússia imperial, mais que as outras potências imperialistas, diz respeito aos problemas de segurança – instalada que estava em uma vasta planície no coração da Eurásia, sem grandes fronteiras naturais –, que a levavam a expandir-se continuamente para proteger o já conquistado.

No começo, portanto, os russos se expandiam para aumentar a riqueza da Monarquia pelo saque e pela incorporação de recursos externos, mas também para se sentirem seguros. A distribuição de terras conquistadas aos nobres russos para assegurar sua lealdade ao czar também foi uma motivação-chave para o expansionismo russo.

Contudo, ao chegar ao século XIX, o imperialismo russo adquiriu novos sentidos ao procurar se adaptar da melhor forma possível ao novo mundo do nacionalismo e da industrialização, tentando ampliar receitas, fortalecer lealdades internas e reforçar as forças armadas. Ele olhou para o novo colonialismo da Europa Ocidental, e buscou aprender como gerenciar melhor os antigos e os recém-adquiridos territórios imperiais.

A partir dos anos 1860, depois da trágica experiência da derrota na Guerra da Crimeia, os russos emanciparam os servos, instituíram o serviço militar universal e procuraram modernizar seu Estado. A industrialização foi estimulada e financiada tanto por fundos estatais como por investidores estrangeiros. A Rússia chegou a ter índices expressivos de crescimento econômico na segunda metade do século XIX; ferrovias, fábricas e cidades se espalharam pelo imenso espaço do Império Russo, cada vez mais integrado. Essa modernização era feita, contudo, com salvaguardas para evitar a desordem social e questionamentos ao poder absoluto da monarquia. Era, portanto, uma modernização autoritária e controlada e, por isso mesmo, limitada. Houve também um esforço direto para integrar o espaço imperial: o Estado construiu, entre 1891 e 1904, a ferrovia Transiberiana, com cerca de 10 mil quilômetros de extensão. O custo foi imenso, mas essa ferrovia se tornou o símbolo e a artéria vital do novo imperialismo russo: ela permitia que colonos fossem da parte europeia da Rússia para Sibéria de forma mais rápida e segura, e que os produtos agrícolas, minerais e florestais da região entrassem no circuito econômico nacional e internacional. Além disso, era uma artéria fundamental para o transporte de tropas e suprimentos para o Extremo Oriente e para a fronteira chinesa.

Nesse período, a Rússia viveu um *boom* industrial, especialmente na região entre Moscou e São Petersburgo e também na Polônia. Esse esforço foi alimentado pelos territórios não russos com seus recursos naturais e agrícolas, como o petróleo do Azerbaijão ou o algodão da Ásia Central. Dessa forma, territórios que tinham sido adquiridos por questões de prestígio ou de segurança passaram também a ter uma função econômica, o que indica a adaptação do imperialismo russo a uma nova era.

ESTADOS UNIDOS, IMPERIALISTAS INFORMAIS

O Império Americano é bastante peculiar e se diferencia dos impérios europeus do mesmo período em vários níveis. Em primeiro lugar, pela resistência da cultura política americana em se assumir como tal: um país criado a partir de uma rebelião contra um império se sentia desconfortável em se autodenominar "império". Além disso, a elite política e intelectual americana discutia, desde o século XVIII, sobre os riscos que uma expansão imperial poderia implicar nos valores republicanos, a base ideológica do novo Estado.

Em boa medida por essa resistência, os Estados Unidos não constituíram impérios formais, de colonização, como os europeus. A expansão territorial que aconteceu em direção ao oeste – em detrimento dos povos indígenas e dos mexicanos, e em negociações com franceses, britânicos, espanhóis e russos – foi pensada e justificada, como já esboçado no capítulo anterior, em termos nacionais: não se conquistava um império, mas se expandia a nação.

Esse modelo "expansão territorial = expansão nacional" também foi referência para absorver o Havaí e o Alasca, "territórios" que acabariam se tornando "estados", ainda que apenas depois da Segunda Guerra Mundial. Suas populações originais eram pequenas e os territórios eram tão estratégicos que valia a pena anexá-los formalmente. Do mesmo modo, pequenas ilhas e territórios militarmente valiosos, como a ilha de Guam, foram postos sob administração militar e assim continuam até hoje.

Porém, os limites do modelo ficaram claros em 1898, quando os Estados Unidos decidiram pela conquista de territórios remanescentes do Império Espanhol: Cuba, Porto Rico e Filipinas. Até hoje, há um grande debate na historiografia americana que discute se a guerra contra a Espanha em 1898 foi um sinal de que os Estados Unidos caminhavam na direção do imperialismo clássico, seguindo o modelo europeu, ou se foi apenas uma "quase casualidade", tendo ocorrido por motivos imediatos essencialmente ligados à política interna americana. Como 1898 acabou por ser um caso isolado, a segunda hipótese é mais consistente.

Depois da conquista desses territórios, discutiu-se nos Estados Unidos como administrá-los. Anexá-los ao território nacional era uma possibilidade; Cuba especialmente tinha sido vista por décadas como potencial candidata à anexação pelos proprietários de escravos do Sul dos Estados Unidos. A integração de populações negras e mestiças expressivas, contudo, era malvista pelas elites americanas daquele momento e, como os americanos não admitiam serem um império como os europeus (e, portanto, não podiam admitir terem colônias), outros sistemas de controle territorial tiveram que ser encontrados. Assim, Filipinas e Cuba se tornaram independentes (ainda que as Filipinas tivessem que esperar 48 anos, e uma guerra mundial, para tanto), mas na condição de "protetorados americanos" (o que só mudaria, no caso cubano, com a Revolução Cubana de 1961). Porto Rico, por sua vez, assim como algumas ilhas no Caribe, é um caso peculiar: não é uma colônia nem um protetorado, mas permanece até hoje como um "Estado associado", integrado aos Estados Unidos, mas não um dos 50 estados. Os porto-riquenhos são cidadãos americanos, mas não votam nas eleições nacionais. No entanto, têm o direito de se mudar para os Estados Unidos e, ao chegar lá, se tornam cidadãos plenos. Uma situação jurídica particular, derivada de um tipo de colonização também particular.

"O fardo do homem branco" ("The White Man's Burden"), poema de Rudyard Kipling de 1899, é representativo do conceito que justificava o imperialismo no seu período clássico: cabia aos brancos "civilizados" conduzir os povos "atrasados" em direção ao progresso e à civilização, pelo que estes últimos deveriam ser dominados. Nesse cartum americano de 1899, justifica-se a ocupação americana das Filipinas e de Cuba seguindo exatamente esse argumento.

Os Estados Unidos também não procuraram conquistar territórios na América Latina (e no restante do mundo) depois de conseguir metade do México em meados do século XIX, com exceção de algumas áreas-chave, como o canal do Panamá e algumas ilhas estratégicas no Caribe. Por outro lado, os Estados Unidos sempre trataram a América Latina – e, em especial, a América Central, o Caribe e o México – como seu protetorado, como indicam as inúmeras intervenções militares americanas na região nos séculos XIX e XX, ou seja, um território que devia obedecer aos comandos de Washington em termos políticos, servir como mercado consumidor de produtos e capitais americanos, e fornecer aos EUA matérias-primas não disponíveis no território americano.

POTÊNCIAS CONSOLIDADAS (1875-1914) 97

"O piquenique do tio Sam." Nessa caricatura de 1898, os países da América Latina vão sendo pouco a pouco incorporados ao espaço econômico e político gerido pelos Estados Unidos.

Na verdade, dada a riqueza americana em termos minerais, agrícolas e industriais, a demanda por conquistas territoriais era menor do que no caso de países carentes de tudo, como, por exemplo, o Japão. Por muito tempo, durante o final do século XIX até a Segunda Guerra Mundial, o capitalismo americano demandava muito mais mercados para seus produtos e locais para investimentos que matérias-primas, com exceção de produtos tropicais, como açúcar, café e bananas.

Essa é talvez a característica mais marcante do imperialismo americano. Ele não buscava a colonização demográfica fora do próprio país nem a conquista de colônias: o exercício do imperialismo informal pela força do capital, do comércio e da cultura era suficiente para que o capitalismo americano pudesse se estender à América Latina, ao Oriente (os interesses americanos na China sempre foram expressivos) e, depois da Segunda Guerra Mundial, ao mundo. Enquanto para os outros modelos imperiais a dominação informal era uma parte do sistema, no caso estadunidense ela era o próprio sistema.

Como corolário evidente dessa estratégia, o poder militar americano só se tornou substancial ao final do século XIX e, mesmo assim, concentrado na Marinha, o que então fazia sentido. Se não havia interesse em conquistar outros territórios, mas apenas exercer um poder hegemônico, o Exército era menos necessário do que as forças de fuzileiros navais (para ações punitivas rápidas), esquadrões capazes de manter os rivais fora do espaço a ser controlado e exercer o poder intimidador necessário para a dominação indireta acontecer, além, é claro, de bases navais instaladas em pontos estratégicos. Apenas depois da Segunda Guerra Mundial, esse sistema se tornaria global, abarcando centenas de bases aéreas, navais e terrestres espalhadas pelo mundo. Ainda assim, contudo, como será mais bem discutido no capítulo "Renovação, colapso e renascimento dos impérios", o sistema imperial americano não se tornou colonialista *stricto sensu*, mas permaneceu focado na dominação indireta.

O Império Americano não era nem é, portanto, colonialista, mas *hegemônico*. A autonomia é mantida, em graus diversos, pelas partes constituintes, mas a palavra final vem do centro do sistema, que recebe recursos das periferias. Isso difere dos outros impérios surgidos no século XIX que, ao colonizarem, colocavam aos povos submetidos apenas duas alternativas: submissão ou resistência; os americanos se concentravam em manter sua hegemonia. Como ela é mais fácil de manter, isso pode ajudar a explicar, como será detalhado no capítulo "Renovação, colapso e renascimento dos impérios", como o Império Americano sobreviveu enquanto outros caíram.

* * *

Os Estados Unidos, a Holanda, a Bélgica, a Rússia, a França e a Grã-Bretanha formaram impérios diferentes em tamanho, população e recursos; seus impérios também foram imaginados e organizados de formas distintas, em espaços geográficos próprios. Contudo, na Era dos imperialismos, eles tinham coisas em comum que os caracterizavam como um conjunto próprio: eram países com tradições coloniais antigas, que vinham desde a Era das navegações, e que tinham um longo histórico de expansão do território nacional e/ou além-mar. Também, eram claramente impérios confiantes em sua segurança e futuro, consolidados e relativamente satisfeitos, já que haviam ocupado partes substanciais do mundo. Todos eles tinham ambições de se expandirem ainda mais, como é quase inevitável em termos de imaginação imperial, mas estavam, em geral, satisfeitos com o que possuíam e mais interessados em preservar o conquistado do que em adquirir novos territórios ou áreas de influência. Caso diferente de outros impérios mais recentes – como o Italiano, o Alemão e o Japonês – que viam o futuro com medo, insegurança e tinham a sensação de que poderiam ser engolidos no jogo imperialista que se travava em todo o mundo, a não ser que aumentassem ainda mais o seu quinhão do planeta.

Potências em ascensão (1875-1914)

O IMPÉRIO JAPONÊS

O Império Japonês começou, em um certo sentido, em seu próprio território, já no século XVI. Após se libertar do jugo chinês, o Estado japonês conquistou e colonizou a ilha de Hokkaido, em detrimento do povo ainu, e passou a controlar, de forma praticamente colonial, as ilhas Ryukyu, que só seriam incorporadas ao território nacional em 1879. Foi apenas no final do século XIX, contudo, que uma doutrina imperial japonesa propriamente dita foi criada.

Essa mudança veio, em boa medida, pela adaptação do Japão ao modelo imperialista que vinha da Europa. Dominar um império não era, em um primeiro momento, imperativo para uma economia japonesa ainda pouco industrializada, mas a elite japonesa passou a sentir necessidade de se fortalecer militarmente para preservar a independência nacional. Mais tarde, já em fins do século XIX, quando territórios como a ilha de

Formosa e a Coreia haviam sido ocupados, em detrimento da China, a questão econômica já era imperativa, especialmente no tocante a matérias-primas e alimentos. O Japão não tinha capitais excedentes a investir ou necessidade de mais consumidores, mas precisava de terras para a colonização demográfica (empreendida sobretudo na Coreia) e matérias-primas como carvão, ferro, petróleo, borracha e outras para desenvolver sua indústria.

Essas matérias-primas eram também essenciais para manter funcionando a máquina militar que o Japão estava construindo: entre o final do século XIX e 1914, o Exército japonês foi modernizado seguindo os padrões ocidentais, e sua Marinha se converteu em uma força apreciável para os padrões asiáticos. No início, navios, submarinos e equipamentos vinham da Grã-Bretanha, mas logo o Japão começou a produzir seu próprio armamento, produção que seria impossível sem fontes seguras de carvão, ferro etc.

O Japão entrou em guerra contra a China em 1894-1895, o que lhe permitiu anexar Taiwan e ocupar parte da Manchúria. Uma primeira expedição japonesa foi enviada em 1876 à Coreia, onde o Japão, inicialmente, procurou exercer uma dominação menos intrusiva, mas, como os coreanos não atendiam às demandas japonesas e os ocidentais ainda atuavam informalmente nas redes comerciais, o controle japonês foi sendo ampliado até a anexação formal do país em 1910. Durante as décadas de ocupação japonesa, parte substancial das terras aráveis foi confiscada para a colonização japonesa, e os recursos minerais e agrícolas do país foram colocados a serviço dos interesses do Japão; até mesmo soldados coreanos foram recrutados para reforçar os quadros do Exército japonês.

Em um primeiro momento, o Japão não procurou romper com a ordem internacional, tanto que manteve uma aliança com a Grã-Bretanha. Contudo, à medida que o tempo passou, a autoconfiança japonesa foi aumentando: os japoneses participaram na repressão internacional à Rebelião dos Boxers em 1900 e, em 1911, se livraram dos últimos acordos comerciais forçados pelos europeus anteriormente. Mas foi a vitória do Japão sobre a Rússia na guerra de 1905 (quando os dois imperialismos colidiram frontalmente) que deixou claro ser o Japão uma nova potência: ao derrotar uma potência europeia do porte da Rússia, o Japão fez a sua entrada no clube exclusivo dos países imperiais. A partir desse momento, a espiral imperialista do Japão só cresceu.

Durante a Primeira Guerra Mundial, o Japão anexou uma parte das antigas possessões alemãs no Pacífico, incluindo algumas ilhas estratégicas, e participou da expedição aliada contra a Rússia bolchevique na Sibéria entre

1918-1922. Foi nos anos 1930-1940, contudo, que o imperialismo japonês atingiu o seu auge, o que será mais aprofundado no capítulo "Renovação, colapso e renascimento dos impérios".

O Japão também cultivava a perspectiva do imperialismo indireto. Tóquio, nesse sentido, da mesma forma pensou na possibilidade de explorar a emigração como elemento de força para seus objetivos imperiais. Assim, a emigração passou a ser vista tanto como uma solução para o excesso de população no Império Japonês quanto um fator para o seu engrandecimento: conjugada com a colonização de novas terras e a produção de alimentos, a emigração seria ainda um elemento para dinamizar e expandir a esfera de influência mundial do Japão. Havia planos para reforçar a produção de alimentos na Coreia e colonizar maciçamente a Manchúria, a Sibéria e a Mongólia por coreanos ou japoneses. Mesmo a emigração para áreas mais distantes poderia ser útil para criar "novos Japões", e ampliar os horizontes políticos e econômicos do poder japonês. Desse modo, imaginava-se que os japoneses que partissem para o Havaí, os Estados Unidos e, mais tarde, o México, o Peru ou o Brasil, seriam parte da expansão nacional, criando núcleos de produção econômica e influência política ligados à Pátria-mãe.

No imaginário japonês e nas políticas seguidas pelo Estado japonês, portanto, a Manchúria, a Coreia, o Brasil ou a Califórnia eram parte da mesma perspectiva imperial, ainda que certos territórios fossem visados para a conquista direta e outros apenas para o exercício da influência indireta. Dentre esses territórios, obviamente, certas áreas eram consideradas mais importantes: a Manchúria e a Coreia eram as "joias da Coroa", locais para exploração imperial da mão de obra e dos recursos naturais e, ao mesmo tempo, para o assentamento de colonos japoneses, de forma semelhante, por exemplo, à Argélia francesa.

Enfim, no caso do Japão, a primeira motivação para a modernização econômica e militar foi o desejo de preservar a sua independência, mas rapidamente os sonhos imperiais se impuseram. O projeto imperial japonês tinha objetivos clássicos (obtenção de matérias-primas e alimentos, criação de um espaço comercial e econômico único, demonstração da superioridade cultural e racial dos japoneses frente aos europeus e aos outros asiáticos etc.) e utilizou meios diretos (a conquista militar) para atingi-los, sobretudo nas vizinhanças das ilhas japonesas. Do mesmo modo, as ideias de colonização demográfica e de zonas de influência indiretas em locais distantes reproduziram, com algumas especificidades, o modelo geral. Em resumo, as atividades japonesas seguiam um modelo de colonialismo e imperialismo que não diferia muito do de outras potências imperiais e, especialmente, da Itália.

O IMPÉRIO ITALIANO

A Itália, que completou a sua Unificação somente em 1870, conseguiu entrar no jogo imperial apenas no final do século XIX, quando a maior parte dos territórios passíveis de conquista no mundo já tinha sido dividida. Em tese, a Itália, sem um passado recente de aventuras além-mar, não tinha motivos para participar da corrida colonial. Sua economia, ainda em desenvolvimento, mais importava do que exportava capitais, e sua produção industrial ainda era limitada, sem necessidade de novos mercados. Ao mesmo tempo, a balança comercial italiana era geralmente deficitária, o que implicava a necessidade de buscar novas parcerias comerciais, e a Itália tinha um problema grave de acesso a matérias-primas, como minério de ferro, carvão, petróleo e outros suprimentos básicos.

A Itália, portanto, não se encaixava perfeitamente no modelo geral do imperialismo daqueles anos, pois carecia de capitais e não apresentava o desenvolvimento industrial da Alemanha e dos Estados Unidos. Por outro lado, com o passar dos anos (especialmente no *boom* industrial nos anos anteriores à Primeira Guerra Mundial), a economia industrial italiana acabaria por amadurecer e se desenvolver, e isso gerou uma pressão maior no Estado para que resolvesse as carências econômicas italianas através da colonização fora da Europa.

Além disso, no caso italiano, a defesa do imperialismo tinha um peso simbólico muito forte, até maior do que em outros países europeus. Isso vinha do fato óbvio que a questão imperial tem, no imaginário italiano, uma importância toda especial. Na cidade de Roma, há dois mil anos, reside o líder de uma das religiões mais importantes e influentes do mundo, a católica, que controla uma estrutura espalhada por todo o globo. Durante a Idade Média, genoveses, venezianos e outros povos colonizaram vastas áreas no Mediterrâneo, e deixaram marcas e sonhos imperiais na mentalidade italiana. Mas, acima de tudo, há a lembrança onipresente, nas ruínas e na paisagem, daquele que foi o maior império do Ocidente, o Romano. Envolvidos por essas imagens históricas, não espanta que, desde a criação de uma Itália unificada, em 1861, a ideia imperial sempre esteve, de um jeito ou de outro, presente nas diretrizes e nas perspectivas dos italianos, sendo reforçada no contexto de competição capitalista do século XIX.

O próprio processo de unificação nacional levou a Itália a acalentar sonhos imperiais. Na construção do mito nacional italiano, as imagens de uma "Grande Itália" e uma "Nova Roma" tiveram realmente peso em projetos de conquista e grandeza imperiais ou, ao menos, na concepção de que a Itália não devia ser uma "potência inferior", como a Bulgária ou a Grécia. Com o tempo, além disso, foi se configurando a proposta de que a construção da nação italiana era tarefa árdua que só seria completada por uma mudança de mentalidade dos italianos (de um povo amante da boa vida, da arte e da cultura para um guerreiro e nacionalista), a ser obtida pela guerra e pela conquista de outros povos. A construção do Império Italiano não seria, portanto, apenas um complemento econômico da nação, mas também o instrumento para que ela se consolidasse.

Essas características particulares do imperialismo italiano ajudam a compreender como o desejo de construir um império persistiu por décadas, mesmo quando ficou claro que os gastos para a conquista e a manutenção do território conquistado na África eram superiores, na maior parte das vezes, aos benefícios advindos do colonialismo. É fato que setores da economia e do Estado italiano se beneficiaram da aventura colonial, como os armadores e os militares, mas a regra geral era que o colonialismo italiano trazia mais despesas do que retorno, ao contrário do que acontecia em outros impérios europeus; isso demonstra a força de valores subjetivos, ligados à busca de prestígio, no imperialismo italiano.

O Império Italiano começou de forma tímida, com a ocupação da Eritreia. Antes disso, o porto de Assab já havia sido adquirido em 1869 por uma companhia privada italiana, para facilitar o comércio na região. O Estado italiano assumiu o seu controle em 1882, e nos anos seguintes passou a expandir a colônia para o interior. Sete anos depois, em 1889, uma parte da Somália se tornou colônia italiana. A conquista da Etiópia era, contudo, o maior sonho italiano, por ser um dos últimos territórios livres da África. Desde 1887, portanto, tropas italianas procuravam ocupar seu território. Em 1896, o Exército italiano sofreu uma derrota esmagadora frente ao etíope em Adua e os sonhos de conquista tiveram que esperar até 1936, quando, como veremos no capítulo "Renovação, colapso e renascimento dos impérios", o regime fascista conseguiria finalmente conquistar a Etiópia.

Em 1901, os italianos obtiveram uma concessão na China, o porto de Tianjin. Em 1912, após a Guerra Ítalo-turca, a Líbia e algumas ilhas no Dodecaneso se tornaram igualmente colônias italianas. Por fim, durante a Primeira Guerra Mundial, os italianos estabeleceram um protetorado sobre a Albânia e, ao final da guerra, participaram da divisão do Império Otomano em áreas de influência, ainda que não tenham aproveitado isso devido à revolta liderada por Kemal Atatürk, que conseguiu restabelecer a independência da Turquia. Depois da Primeira Guerra Mundial, os italianos não receberam parte das colônias alemãs (que acabaram divididas apenas entre britânicos, franceses e belgas) nem os territórios que há tempos ambicionavam na Dalmácia e na costa adriática.

É possível perceber claramente como a posição italiana no sistema imperial era subalterna. A sua Marinha de guerra era poderosa, mas era considerada apenas a 7ª do mundo em 1914, atrás de seus rivais maiores. O Exército italiano, por sua vez, tinha a má reputação de ter sido derrotado em campo de batalha por um exército africano, em Adua. Enfim, das grandes potências, a Itália era considerada a menos importante.

Além disso, não apenas o Império Colonial Italiano era pequeno (2,3 milhões de km^2 em 1914), como também se restringia, em essência, a áreas limitadas e de pouco valor econômico ou comercial. A Líbia era, provavelmente, a colônia mais valiosa e o governo italiano a concebeu como uma área de colonização demográfica: ali, os italianos poderiam ser tornar, pela imigração, a maioria da população, e a Líbia poderia ser, com o tempo, parte do próprio território nacional italiano, ainda que relativamente poucos italianos tenham se interessado em dirigir-se para lá de início. A grande ironia da colonização italiana na Líbia é que as jazidas de petróleo líbias teriam possibilitado uma revolução na economia italiana, sempre tão carente desse produto, mas elas só seriam descobertas em 1959, quando a Itália já não controlava aquele território.

O Império Italiano também foi, em boa medida, construído mais como reação a iniciativas de outros do que por um projeto próprio. Isso fazia sentido, já que a Itália teve dificuldades em estabelecer um consenso sobre o tema do imperialismo (pois havia a alternativa, a ser explicada a seguir, da chamada "colonização livre") e suas necessidades econômicas eram menores do que a de economias industriais mais avançadas. Dessa forma, a ocupação da Eritreia em 1882 e da Somália em 1889 e o esforço para conquistar a Etiópia foram efetivados, muitas vezes, como reação ao estabelecimento do protetorado francês sobre a Tunísia em 1881. Já a Guerra Ítalo-turca de 1911-1912 foi, ao menos em parte, uma reação simbólica, ainda que tardia, à derrota em Adua em 1896. Por fim, a participação italiana na Guerra dos Boxers em 1899 foi uma reação à recusa chinesa em conceder um porto, como fazia para os outros países europeus, para a Itália, algo visto como uma humilhação nacional.

A imaginação imperial italiana na era liberal tinha – em um modelo cheio de idas e vindas, mudanças e adaptações, sonhos e contrastes com a realidade – objetivos concêntricos: consolidação do processo de *Risorgimento* pela anexação dos territórios de língua italiana (ou suficientemente próximos) ainda sob o controle do Império Austro-Húngaro, da Suíça, da França e da Grã-Bretanha; consolidação de uma área de hegemonia italiana nos Bálcãs e no Mediterrâneo Oriental; criação de um império colonial no norte africano e, especialmente, no Chifre da África; e, por fim, formatação de uma rede transnacional de contatos comerciais, culturais e políticos que dariam influência global à Itália, especialmente nas Américas, com particular destaque à região do rio da Prata.

Em todos esses níveis de imaginação imperial, os italianos que viviam no exterior e seus descendentes diretos eram tidos como um ativo fundamental para o imperialismo italiano. A presença de grande número de falantes do italiano era a justificativa central para que Trento, Trieste, o Ticino ou Nice fossem incorporados ao Estado italiano, assim como para a anexação da Tunísia. A ocupação deste país pelos franceses, em 1881, inclusive, foi um choque para Roma, já que os italianos que habitavam a Tunísia, boa parte oriundos da Sicília, formavam a maioria da população europeia local e, mesmo assim, passaram a viver sob o domínio de outra potência europeia.

A exuberância demográfica italiana também era uma das justificativas para o expansionismo italiano no continente africano: colonizar a África era considerado mais importante do que explorá-la. Muitos países europeus criaram colônias de povoamento, como já visto, mas, no caso italiano, a perspectiva do colonialismo demográfico era central em seu projeto e na sua prática imperial, provavelmente muito mais do que para outros países europeus. Assim, onde os outros atuavam com capital e tecnologia, a Itália entraria com colonos e trabalhadores.

Enfim, para um país que ainda importava capital e lutava para se tornar uma potência industrial, a demanda por matérias-primas no exterior era real e estimulou o expansionismo, mas a demanda por mercados externos para produtos e capitais era menor (ainda que, certamente, não inexistente). Além disso, a perspectiva de um colonialismo demográfico foi muito superior a de outros países europeus, como a França ou o Reino Unido, onde esse tipo de colonialismo convivia de forma mais equilibrada com o desejo de territórios para a exploração econômica.

Entre 1861 e 1915, o Estado italiano teve que lidar com outra questão fundamental: a emigração. Década após década, milhões de italianos deixavam a Itália e se instalavam especialmente em outros países europeus ou nas Américas; muitos retornariam para casa, mas alguns se instalavam permanentemente no exterior. Na Itália, mais do que em outros países europeus, até pela força da emigração, discutiu-se intensamente sobre a possibilidade e a viabilidade de o imperialismo indireto substituir o tradicional como foco da política externa italiana. Essa questão gerou um dos maiores debates intelectuais e políticos da Itália naquele período: como avaliar esse processo? Àquela altura, os lucros representados pelas remessas, pelo aumento do comércio e pela diminuição da pressão social em casa eram evidentes. Mesmo assim, o orgulho nacional italiano era ferido pela constatação de que o país tinha se tornado mero provedor de mão de obra barata para o mundo e de que os italianos acabavam sendo discriminados em muitos lugares. Além disso, havia o receio de que a assimilação dos emigrantes – e, sobretudo, de seus filhos e netos – provocasse um dreno dos recursos populacionais italianos, especialmente no que dizia respeito ao serviço militar.

Já que o país carecia de recursos militares e econômicos, não seria mais viável aproveitar a emigração, principalmente para a América Latina, e criar um império informal, alternativo? A ideia, de inspiração liberal, era que a colonização se daria de forma livre, via ondas de emigração. A partir delas, seria possível construir um império informal italiano na América do Sul (e, especialmente, no Sul do Brasil e na Argentina), a partir dos vínculos emigratórios, comerciais e culturais estabelecidos sem a necessidade de conquista territorial. Nesse espaço, a Itália teria onde colocar o seu excesso de população e um mercado para bens e produtos italianos. Mantidos unidos à Itália pelos vínculos de sangue, língua e cultura, mesmo após gerações, os ítalo-argentinos ou ítalo-brasileiros seriam, segundo essa concepção, a chave para que os países da região acabassem na esfera de influência da Itália. Já em locais como os Estados Unidos, os imigrantes italianos, associados ao prestígio da cultura italiana, seriam as bases para um intenso comércio de produtos e pessoas, garantindo mercados para a Itália.

O Estado italiano investiu pesadamente nesse projeto. Com os imensos recursos acumulados, em particular, através da cobrança de taxas aos emigrantes que partiam – o Fundo Emigratório –, a Itália pôde apoiar financeiramente escolas, associações, jornais e outras iniciativas do tipo em todo o mundo. Na virada do século XIX para o XX, existiam milhares dessas associações, escolas e jornais ligados à cultura italiana espalhados por todo o globo, especialmente na Europa, nas Américas e na bacia do Mediterrâneo. A maioria surgiu por iniciativas locais, mas o Estado italiano apoiou e subsidiou, ao menos parcialmente, as instituições que se enquadravam no projeto da "Grande Itália".

Foi também estabelecida pelo Estado uma aliança com a Igreja Católica, sobretudo na questão educacional. Instituições criadas pela Igreja para lidar com a questão da emigração italiana – como a Opera Bonomelli, a Italica Gens e as Congregações Scalabrinianas – também serviram de base para uma ação cultural e educativa italiana no mundo. Ao mesmo tempo, instituições na própria Itália forjaram uma densa rede de representações e afiliadas pelo mundo. Entre elas, se destacam as Câmaras Italianas de Comércio, criadas com o objetivo de facilitar a expansão comercial italiana, e a Società Dante Alighieri, dedicada a difundir a língua e a cultura italianas pelo mundo. Também teve destaque nesse projeto imperialista indireto, informal, o Commissariato Generale dell'Emigrazione, órgão fundamental para administrar o fluxo emigratório e os contatos da Itália com seus filhos no exterior.

Houve vários debates na Itália sobre a viabilidade de esse império informal existir sem a presença mais incisiva do Estado italiano. Foi-se formando a convicção de que, sem o poder político e militar por trás, a perspectiva de manutenção de um império informal era, no mínimo, duvidosa. Propostas de instalar postos militares avançados ou bases navais na América Latina para dar uma materialidade a esse domínio indireto foram colocadas na mesa no final do século XIX. A Itália chegou, por exemplo, a intervir na Venezuela em 1902-1903. Houve ainda propostas de envio de uma frota italiana para a costa brasileira em 1896, após conflitos de rua entre italianos e brasileiros em São Paulo, o que acabou não acontecendo por dificuldades práticas e porque a crise gerada por esses conflitos se resolveu logo pela diplomacia.

O debate se estendeu por décadas, conforme se sucediam os acontecimentos (como a derrota italiana em Adua em 1896 e a conquista da Líbia em 1912) e as pressões políticas e sociais, internas e externas. De qualquer modo, o sonho da chamada "colonização livre" acabaria perdendo força até sofrer um golpe esmagador com as restrições à emigração pelos países das Américas, especialmente os Estados Unidos, depois da Primeira Guerra Mundial. À medida que a circulação dos emigrantes se tornava mais difícil e a sua assimilação se acelerava, o projeto da "Grande Itália" desandou, ainda que voltasse a ser retomado mais tarde, em outros termos, pelo fascismo.

No caso italiano, portanto, a hipótese de um "colonialismo pacífico" ou indireto adquiriu mais importância do que no de outras potências europeias, se aproximando do caso espanhol (e, em alguns aspectos, do japonês), cujo imperialismo oscilava, como será visto no capítulo seguinte, entre a conquista direta de colônias africanas e a construção de um "império informal" na América hispânica.

Para concluir, um dado fundamental sobre esse debate "colonização livre" *versus* "expansionismo clássico" é que o interesse pela construção da "Nova Itália" na América Latina não era exclusivo dos adversários locais da política africanista: esse interesse também foi compartilhado por setores da opinião pública e da classe dirigente que apoiavam a colonização direta, mas que não descuidavam das excelentes oportunidades que a emigração oferecia. Ou seja, apesar de haver "puristas" de lado a lado e momentos, como vimos, de domínio de uma corrente ou outra, as duas concepções não eram excludentes, sendo possível fazê-las conviver no interior de uma concepção imperialista italiana maior e até mesmo dentro da política estatal.

O Estado italiano participou, portanto, plenamente do momento imperial europeu, mas de maneira subordinada e sem obter de fato resultados concretos em termos de riquezas e benefícios para o país. Isso causaria imensa consternação em certos setores da sociedade italiana, levando ao surgimento de grupos, como a Associação Nacionalista Italiana.

Esse grupo foi fundado oficialmente em 1910, mas nas décadas anteriores (e especialmente depois da derrota em Adua em 1896), pensadores diversos já haviam criado as bases de um pensamento nacionalista italiano. Entre esses pensadores, destaca-se Enrico Corradini, incansável no seu esforço de defesa do expansionismo italiano e da reorganização interna da Itália, no sentido de desenvolver um Estado forte e uma sociedade mais coesa e integrada. O imperialismo preconizado pelos nacionalistas italianos estava relativamente próximo do padrão geral do imperialismo europeu dos séculos XIX e XX. A sua especificidade era a ligação estabelecida entre a expansão externa e a regeneração interna. Para eles, garantir a ordem interna era imprescindível para sustentar a expansão imperial e vice-versa, o que seria incorporado, em boa medida, pelos fascistas quando eles assumiram o poder em 1919.

Em resumo, o imperialismo italiano tinha especificidades: uma ênfase maior nas vantagens do imperialismo indireto e no colonialismo demográfico; um menor retorno em termos materiais; e motivações mais reativas e psicológicas do que propriamente materiais. Não obstante, isso foi apenas uma adaptação de um país ainda pouco industrializado à perspectiva imperialista que dominava a Europa naquele momento, e não um rompimento radical com ela.

O IMPÉRIO ALEMÃO

O Império Alemão é um caso que merece ser discutido com mais profundidade, até porque foi a chegada dele ao cenário europeu e global que levou ao imperialismo de fins do século XIX e, ao mesmo tempo, ao seu fim. Sem a ascensão da Alemanha, a competição global talvez pudesse ter tomado outros rumos, as guerras mundiais poderiam ter sido evitadas e, como consequência, talvez os impérios coloniais europeus pudessem ter sobrevivido por muito mais tempo. Ao lado dos Estados Unidos, a Alemanha foi o maior sucesso econômico da segunda metade do século XIX. Em poucas décadas, uma coleção de Estados que compartilhavam a mesma língua deu lugar a uma potência industrial que ascendeu ao posto de maior economia da Europa. Ao mesmo tempo, a Alemanha dispunha do maior e mais bem treinado e armado Exército europeu e, ao final do século XIX, começou a construir aquela que seria a segunda Marinha de guerra do mundo, com uma frota de encouraçados superada apenas pela Royal Navy britânica.

Não é esse o espaço para discutir as origens dessa pujança alemã. A simples união do território alemão em uma entidade política e econômica unificada foi um grande estimulador do crescimento econômico e da ação dos seus empreendedores, industriais e comerciantes. Ao mesmo tempo, a elite alemã foi influenciada pela economia política nacional de Friedrich List, o que levou o Estado alemão a proteger a sua economia e fazer maciços investimentos em ferrovias e outras obras de infraestrutura, que provocaram a rápida expansão da indústria alemã. De qualquer modo, a Alemanha de finais do século XIX era um dínamo econômico, e a necessidade de garantir espaços econômicos no exterior se tornou premente.

A pergunta que fica é se essa nova Alemanha tinha que, obrigatoriamente, tomar o caminho imperial de seus vizinhos. O novo país havia se denominado "império" em 1870, mas o termo foi uma escolha deliberada dos seus governantes para indicar a superação da estrutura política anterior. No caso da Unificação Italiana, para fazer um contraste com uma experiência semelhante, o rei da Sardenha simplesmente assumiu o título de rei da Itália, já que os antigos reinos e ducados que existiam na península tinham sido simplesmente absorvidos. Já no caso da Unificação Alemã, os antigos reinos – como os da Prússia, da Baviera ou da Saxônia – continuaram existindo e foi quase inevitável criar o posto de imperador da Alemanha para indicar a nova situação de país unificado. O "Império Alemão" surgiu, assim, antes que a Alemanha tivesse colônias no exterior e o novo imperador da Alemanha continuou a ser, aliás, o rei da Prússia, o maior estado do novo país. Em outras palavras, o título de imperador da Alemanha criado em 1870 não indicava automaticamente a expansão para fora da Europa.

A recém-unificada Alemanha era, na verdade, um país sem experiência colonial anterior e, nessa época, havia resistência a essa possibilidade (o que mudaria nas décadas a seguir). Nos anos 1870, o primeiro-ministro, Otto von Bismarck, ambicionava um reforço da homogeneidade cultural e política dentro do novo império (procurando eliminar fontes alternativas de poder, como os católicos e os socialistas, e germanizando o máximo possível as minorias nacionais, como os poloneses). Em termos de política exterior, ele preferia constituir um império informal, fundamentado no comércio, com, no máximo, algumas poucas bases navais no exterior para proteger os fluxos comerciais. Bismarck considerava as colônias de além-mar um gasto inútil, desnecessário e até perigoso, pois estimularia as rivalidades europeias e poderia levar a guerras prejudiciais ao novo Estado.

Essa foi a razão, aliás, da convocação, por Bismarck, do Congresso de Berlim de 1884-1885: uma tentativa de regulamentar a expansão europeia na África e diminuir a chance de conflitos. Suas restrições ao colonialismo, contudo, eram vistas com ceticismo por parte da elite alemã, e a defesa do imperialismo aberto e agressivo se difundiu nas décadas a seguir, em inúmeras associações e grupos de pressão. O próprio Otto von Bismarck mudaria sua opinião e daria seu aval para as iniciativas imperiais alemãs que tiveram vez nas décadas de 1880 e 1890.

Em parte, essa mudança parecia ser inevitável naquele momento de competição generalizada entre economias e países. Os líderes do novo Império Alemão temiam ficar para trás na concorrência europeia frente à industrializada Grã-Bretanha e tinham que resolver o problema da carência de matérias-primas fundamentais, com exceção do carvão, em território nacional. A necessidade de encontrar locais de investimento para os capitais alemães, novos mercados e áreas para colonização demográfica também impactou a realidade alemã, como acontecia em toda a Europa. No caso alemão, contudo, a velocidade e a profundidade da industrialização tornavam essas demandas ainda mais fortes. Por fim, a própria riqueza econômica e a potência militar induziam ao colonialismo, pois era inconcebível, para boa parte da elite alemã, que as pequenas Bélgica ou Holanda, por exemplo, tivessem colônias, mas não o poderoso Império Alemão.

Para a mudança de mentalidade na Alemanha frente ao problema colonial, concorreram também motivações relacionadas à política interna alemã naquele momento. O próprio surgimento do Império Alemão em 1870 foi um estimulador da corrida colonial daqueles anos, especialmente na África. A força do novo Estado, sobretudo devido a sua potência industrial e militar, era evidente, assim como a constatação de sua capacidade para iniciar uma aventura imperial seguindo os passos da França e da Grã-Bretanha. Como os espaços coloniais das Américas, da Ásia e da Oceania já estavam fechados aos alemães, restava-lhes a África, cuja ocupação pelos europeus mal havia deixado o litoral. Do ponto de vista das potências imperiais europeias, seria muito arriscado deixar os alemães (ou outros "recém-chegados", como os italianos) controlar os recursos africanos. Não é certamente um acaso, da mesma forma, que a mudança de postura de Bismarck diante da questão colonial tenha acontecido logo após ele ter ampliado a proteção alfandegária à economia alemã, em 1878, em reação à crise econômica mundial da década de 1870: se o comércio internacional estava a se contrair, o controle de novos espaços exclusivos se tornava fundamental.

Os alemães sentiam-se, portanto, estimulados a se lançar à conquista de territórios fora da Europa, já que lhes parecia evidente que logo esses territórios "disponíveis" estariam esgotados. Essa perspectiva de "ficar de fora" foi um elemento conjuntural importante para fazer a liderança alemã, como o chanceler Otto von Bismarck, sair de uma posição contrária ao colonialismo para uma entusiasticamente favorável. Com a chegada ao poder, em 1888, do kaiser Wilhelm II – um ardoroso defensor de uma Alemanha potência mundial, que tivesse uma frota de guerra a rivalizar com a britânica e um amplo império colonial –, estabeleceu-se um quase consenso nacional (com exceção de alguns liberais e da esquerda socialista) em favor de uma redivisão do mundo que beneficiasse a Alemanha.

A Alemanha adquiriu, então, territórios na África, como as atuais Namíbia, Tanzânia e Camarões, além de várias ilhas do Pacífico, partes da Nova Guiné e algumas concessões na China. Em 1914, o território colonial alemão compreendia cerca de 3 milhões de km^2, habitados por 15 milhões de pessoas. Era agora o quarto maior império colonial europeu, depois do britânico, do francês e do russo. Contudo, seu império era apenas seis vezes maior do que o território metropolitano e havia quatro vezes mais alemães do que súditos coloniais, o que indica que a Alemanha se apossara somente de territórios marginais e menos ricos.

Chama a atenção, igualmente, a rapidez da construção desse império, fruto de uma decisão política consciente, e como ele logo atingiu seus limites. Algumas ilhas no Pacífico e territórios na China foram adquiridos em finais do século XIX, mas praticamente todo o território colonial foi reivindicado e ocupado entre 1884 e 1885. Depois de 1884-1885, a Alemanha só poderia ocupar novos territórios em detrimento de outras potências, o que ajudou a levar à guerra em 1914.

Os alemães também investiram no imperialismo informal, no qual, aliás, foram muito bem-sucedidos. Os produtos industriais alemães – especialmente os metalúrgicos, químicos e óticos – eram de alta qualidade e começaram a excluir os seus concorrentes britânicos ou franceses nos mais variados mercados, como a América Latina e o Império Otomano. Os capitais alemães também começaram a se tornar cada vez mais presentes na América Latina, na bacia do Mediterrâneo, no Oriente e na própria Europa, como na Itália ou nos Bálcãs. No Império Otomano, o capital alemão financiou até mesmo o grande projeto da ferrovia Berlim-Bagdá, a qual tinha o potencial de colocar boa parte do Oriente Médio na esfera econômica alemã. A potência industrial e a competitividade alemã, aliás, foram elementos fundamentais para convencer britânicos e franceses de que era necessário construir impérios próprios, para manter os alemães fora.

Os alemães também pensaram no uso da emigração, do comércio e da cultura como trunfos para a construção de espaços imperiais. A língua alemã tinha um grande prestígio como "a língua da ciência", e a capacidade científica, industrial e militar alemã atraía admiradores em todo o mundo; na Europa Central e Oriental, especialmente, a força da cultura alemã era imensa. Esse prestígio também amplificava a atração pelos produtos de origem alemã e facilitava a penetração do capital alemão pelo mundo.

Desde o século XIX, milhões de alemães haviam deixado a Alemanha, tendo a maioria se dirigido para os Estados Unidos. Colônias de imigrantes alemães expressivas também existiam no Canadá, na Argentina, no sul do Brasil e em outros pontos do globo. Para o Estado imperial alemão, essas coletividades eram uma vantagem e uma desvantagem. De um lado, elas eram vistas como uma perda: trabalhadores e reservistas do Exército que deixavam a Pátria. De outro, eram agentes que espalhavam a cultura alemã, e difundiam os produtos e os valores alemães pelo mundo.

Para melhor aproveitar esses emigrantes no seu projeto imperial, o Estado alemão agiu em duas frentes. De um lado, fez todo um esforço, junto a diversas instituições privadas, para que esses emigrantes e seus filhos continuassem vinculados à cultura alemã e à Alemanha: se eles deixassem de se ver como alemães, seu papel na construção do espaço imperial alemão se perderia. Em certos locais onde os alemães se assimilaram muito rápido, como nos Estados Unidos, essa aposta foi perdida, mas a Alemanha mantinha suas esperanças em outros lugares, como a América Latina. Os alemães no Brasil, por exemplo, não eram pensados como pontas de lança de uma invasão militar, mas como instrumentos para a difusão da cultura e promoção do comércio, objetivos de Berlim no país.

A Alemanha também concebeu a hipótese de criar colônias demográficas, espaços onde os emigrantes alemães poderiam cultivar novas terras e criar riquezas sem deixar a soberania alemã. A Namíbia foi pensada como uma, a equivalente da Argélia francesa ou do Canadá britânico, tanto que boa parte dos massacres promovidos pelos alemães nesse território entre 1904 e 1908 (quando 100 mil hereros e namaquas foram mortos) ocorreu com o objetivo de liberar terras para colonização. No entanto, o projeto não foi adiante, dado o pouco interesse dos camponeses alemães em se mudar para um território longínquo e carente de infraestrutura; em 1914, apenas 20 mil alemães residiam no território.

O grande problema do Império Alemão nessa época era sua insuficiência em atender às enormes ambições de se tornar uma potência global e às demandas da economia alemã. Novos projetos imperiais foram então concebidos: para ampliar o território nacional alemão, vastos territórios na Europa Central deveriam ser anexados e um grande império deveria ser constituído no Leste Europeu, em detrimento da Rússia: a Polônia, a Ucrânia, os Países Bálticos e o Cáucaso se tornariam locais para a colonização demográfica alemã e fornecedores de alimentos, minerais e mão de obra barata para a Alemanha. Na África, seriam acrescentados ao Império Alemão o Congo belga, o Marrocos e as colônias portuguesas. Já no Império Otomano e na América Latina, entre outras áreas, seria criado um enorme espaço comercial e cultural sob hegemonia alemã. Ao final, esse enorme império colonial, conquistado e mantido pelo Exército alemão e conectado pela Marinha alemã, superaria o britânico, e os alemães substituiriam os ingleses como a potência hegemônica europeia e mundial.

O resultado desses sonhos foi a Guerra de 1914-1918. Essa afirmação não significa que a Primeira Guerra Mundial foi causada apenas pelo conflito interimperial ou que foi culpa exclusiva da Alemanha. Afinal, outras questões e problemas acabaram por conduzir à guerra, e o que a Alemanha ambicionava não era nada diferente do que as outras potências já tinham ou desejavam. O imperialismo, contudo, deu sim o pano de fundo para a guerra mais destrutiva da história até aquele momento, e a Alemanha foi a responsável por transformar uma situação potencialmente explosiva em um conflito aberto.

Ao final, depois de grandes combates na Europa e também nas colônias africanas, o resultado foi exatamente o oposto do esperado pelos alemães: a Alemanha não estendeu seu império na Europa Oriental, perdeu todas as suas colônias, além de parte do território nacional, e sua influência cultural e comercial no mundo se enfraqueceu.

* * *

De qualquer forma, ao final da Primeira Guerra Mundial, o problema dos recém-chegados à Era dos imperialismos continuava. Itália e Japão haviam conseguido mais espaço, mas claramente menos do que desejavam, enquanto a Alemanha havia perdido tudo o que tinha conquistado até então. Sem querer resumir em apenas um elemento a questão da ascensão dos fascismos na Alemanha e na Itália e do autoritarismo no Japão, é possível afirmar que os sonhos imperiais frustrados foram fundamentais para que essa ascensão se desse. Tanto isso é verdade que os novos governos desses três países se lançariam novamente na disputa imperial com novos projetos de dominação global, inspirados no período anterior, mas também com elementos originais.

Potências periféricas (1875-1914)

O período do imperialismo contemporâneo é, muitas vezes, visto como um momento em que um punhado de poderosos impérios (consolidados ou em ascensão, os "recém-chegados") avançou em direção ao mundo, submetendo outros Estados e entidades políticas, como tribos e clãs, ao seu domínio. Essa perspectiva é, em essência, correta, mas tem dois defeitos. Um é que ela nos impede de entender melhor a dinâmica entre conquistadores e conquistados, pois existiam também, naquele momento, outros impérios, os quais dominavam povos e etnias diversos, mas que estavam, igualmente, sob a pressão dos consolidados ou dos recém-chegados. Em segundo, ignorar os impérios em decadência, enfraquecidos ou mesmo conquistados nos impede de entender a própria lógica imperial daqueles anos, pois desmembrar, conquistar, apoiar ou manter outros Estados e impérios também era uma parte essencial dessa lógica.

Por fim, dado o fato de que a maioria desses impérios secundários estava nos continentes africano, asiático e americano e que eram antigos, normalmente muito mais do que os europeus, é possível fazer contraposições, comparações entre novos e velhos impérios, e entre impérios do mundo ocidental e os do restante do mundo. Isso tem a vantagem de nos permitir sair um pouco de uma perspectiva excessivamente centrada na Europa e entender as opções, os dilemas e as perspectivas de impérios e outras entidades políticas mais fracos em uma era de competição desenfreada e de imperialismo.

OS ANTIGOS IMPÉRIOS MARÍTIMOS: PORTUGAL E ESPANHA

O Terceiro Império Português acabou se desenvolvendo como uma resposta à perda do Primeiro, construído essencialmente no comércio com as Índias (1415-1580), e do Segundo (1580-1822), que se baseava no Brasil e nos territórios africanos que se relacionavam, especialmente pelo tráfico negreiro, com ele, como Angola. O Primeiro foi, em boa medida, espontâneo, ou seja, surgido a partir da ação da Coroa e de indivíduos e estruturas privadas em busca de especiarias, ouro, prata e do lucro comercial. O Segundo já refletiu um projeto mais estruturado, sobretudo a partir do século XVIII, mas também iniciativas e interesses locais, como as das elites do Rio Grande do Sul, de São Paulo e de Pernambuco, por exemplo, que apoiaram a Coroa nas lutas contra os espanhóis e os holandeses.

Já o Terceiro veio de um projeto originário da metrópole, como forma de compensação da perda dos anteriores, o que, aliás, já havia acontecido antes. Foi a perda do império comercial nas Índias no século XVII que fez crescer o esforço português para colonizar e expandir sua colônia brasileira. Do mesmo modo, a perda do Brasil levou círculos da elite portuguesa a proclamar a necessidade de consolidar e expandir o que ainda restava do império na África. Usar os recursos dessas colônias para a recuperação da economia portuguesa também foi um motivador central para a nova onda do imperialismo português, ao final do século XIX.

Já em 1875, surgiu a Sociedade Geográfica Portuguesa e, nos anos seguintes, várias expedições portuguesas exploraram terras desconhecidas na África, de forma a justificar a aquisição ou a manutenção de territórios. Na verdade, Portugal não procurou conquistar novos territórios, mas ampliar o controle dos que já estavam sob sua influência desde a Era dos Descobrimentos.

Na Ásia, localizavam-se algumas pequenas praças, e antigas feitorias na Índia (o antigo Estado da Índia), na China (Macau) e na Indonésia (Timor Leste). Na costa oriental da África, os arquipélagos de Cabo Verde e Tomé e Príncipe, além da Guiné. As colônias portuguesas mais extensas e populosas eram Angola e Moçambique e, a partir do seu litoral, os portugueses foram avançando para o interior, de forma a ampliar seu espaço na África.

Isso não significa afirmar que os portugueses também não tinham sonhos grandiosos para o seu império. De fato, eles tentaram participar da divisão do Congo entre as potências europeias e, em 1886, foi divulgado o chamado "Mapa Cor-de-Rosa", um plano para unir Angola e Moçambique de oceano a oceano. Isso atrapalharia os projetos britânicos de unir a cidade do Cabo ao Cairo e, após um ultimato britânico, os projetos portugueses tiveram que ser abandonados.

As colônias portuguesas – e, em especial, Angola – haviam sofrido uma grande decadência econômica com o fim do tráfico de escravos para o Brasil nos anos 1850, pois essa tinha sido a atividade econômica central daquela colônia por séculos. Nos anos seguintes, expandiu-se a produção de produtos agrícolas para exportação (como café, algodão, borracha e açúcar) e Portugal procurou garantir a exclusividade de importação de alguns produtos, como bebidas alcoólicas.

As colônias portuguesas também forneciam mão de obra para as minas da África do Sul. Elas serviam, principalmente, para o recolhimento de impostos, pagos com grande dificuldade por uma população pobre, os quais eram uma fonte de receita importante para Portugal. A exploração do trabalho e os altos impostos levariam, inclusive, a várias revoltas, como as de 1902, 1907 e 1913, em Angola.

Portugal, na verdade, se pensarmos no modelo geral do imperialismo que vimos em capítulo "Potências em Ascensão (1875-1914)", não tinha razões para ter colônias na África. A indústria portuguesa era inexistente e os capitais eram escassos no país; não havia, portanto, necessidade de locais para investimento ou mercados para produtos industriais. Pela mesma razão, não havia demanda por matérias-primas, mas apenas de produtos tropicais para exportação. Os portugueses emigravam em grande número para o Brasil, mas poucos iam para as colônias africanas, pelo que elas também não serviam como colônias demográficas. Portugal, portanto, manteve as suas colônias para ter uma "reserva" para o seu futuro e também para preservar o seu antigo *status* de império. E só o fez graças ao apoio da Grã-Bretanha, que protegeu o

Império Português impedindo que ele fosse absorvido por outros países, como a Alemanha. Londres cogitou, contudo, em alguns momentos, permitir essa absorção para apaziguar a Alemanha, o que indica como as colônias portuguesas haviam se tornado mera moeda de troca no jogo das grandes potências.

A Espanha, por sua vez, seguiu uma trajetória semelhante a de Portugal. Após a independência das colônias americanas, tudo o que restava à Espanha eram as Filipinas, Cuba e Porto Rico, além de algumas ilhas e arquipélagos no oceano Pacífico. Eram regiões escravagistas onde as elites locais viam no poder imperial uma salvaguarda para um sistema escravista que se expandia e se tornava mais lucrativo, especialmente depois do fim da escravidão no Haiti e em outros territórios britânicos. Além disso, a Espanha mantinha um pequeno território africano, a Guiné Espanhola. Em 1884, a Espanha conseguiu também um território norte-africano, o Saara Ocidental e, em 1912, através de um acordo com os franceses, recebeu o Protetorado sobre uma pequena parte do Marrocos.

Esses pequenos ganhos não superaram a conquista, em 1898, das Filipinas, de Cuba, de Porto Rico e da ilha de Guam pelos Estados Unidos. A perda dessas colônias representou um duro golpe para a economia e o prestígio espanhóis. Cuba, especialmente, era de importância fundamental para a Espanha: grande exportadora de açúcar (produzido com mão de obra escravizada até 1886), por um lado, era compelida, por outro, a absorver produtos industriais espanhóis – especialmente os têxteis da Catalunha –, além de abrigar uma coletividade espanhola imensa: em 1890, La Habana (Havana) era uma das maiores cidades espanholas do mundo. Cuba era tão rentável e rica que a Espanha fez sacrifícios imensos, em termos militares, para não a perder. A cessão da ilha aos Estados Unidos – cujos interesses econômicos em Cuba sempre haviam sido grandes e se ampliaram ainda mais no século XIX – só aconteceu porque o diferencial de poder militar entre os impérios era grande demais e as forças espanholas sofreram derrotas decisivas, navais e terrestres, frente às americanas. Em 1899, para completar o cenário desastroso, a Espanha acabou vendendo à Alemanha seus arquipélagos remanescentes, como as ilhas Marianas, no oceano Pacífico, já que não conseguia defendê-los.

O fim do império provocou uma crise na elite intelectual, política e militar espanhola, a chamada "geração de 1898". Representou não só a perda de riquezas que fariam falta à Espanha, um país já pobre e atrasado, mas também demonstrou claramente a fraqueza da Espanha no cenário internacional e na competição imperialista. Para piorar o quadro, a derrota militar havia sido humilhante e o prestígio espanhol ficou ainda mais abalado.

Outro foco do novo imperialismo espanhol era reconectar a América hispânica com Madri, não pela força, mas por um modelo de "colonização livre" que se aproximava do italiano: comércio, emigração e cultura promoveriam a formação de um império, sem a necessidade de conquista obrigatória de territórios.

A partir dos anos 1840 e 1850, também começou a surgir, na Espanha, a ideia de que havia uma "raça latina" e de que, na América, latinos e anglo-germânicos estavam em rota de colisão, cabendo à Espanha liderar os Estados hispano-americanos na luta contra o expansionismo americano. Os resultados práticos, contudo, foram poucos, até porque nas antigas colônias havia ainda muita desconfiança com relação à Espanha, e Madri não tinha muitos recursos econômicos e militares para bancar esse projeto.

A política externa espanhola se tornou mais agressiva a partir de 1860, com a reanexação da República Dominicana, o apoio aos monarquistas no México, a intervenção naval no Peru e no Chile, entre outras questões. Todavia, depois de algum tempo, o sonho do pan-hispanismo perderia força, sendo recuperado apenas após 1898 e, especialmente, na época de Francisco Franco, quando o modelo espanhol adquiriu um tom totalitário, de associação a valores políticos conservadores, e foi renomeado *Hispanidad*. Os resultados práticos desse sonho, porém, nunca seriam muito expressivos, até porque a Espanha tinha que concorrer, na América Latina, com atores muito mais poderosos, como os Estados Unidos, a Grã-Bretanha e a Alemanha. Além disso, outro rival com que a Espanha teve de lidar, ao menos por algum tempo, foi a França, cuja atuação na América Latina chegou a ser intensa, sendo o seu principal projeto o apoio à criação do Império Mexicano do arquiduque Maximiliano, em 1864-1867.

OS IMPÉRIOS AMERICANOS: MÉXICO E BRASIL

Como já indicado no capítulo "Potências consolidadas (1875-1914)", a França nos anos 1860 era a segunda potência do mundo, e tinha os meios econômicos e militares para bancar uma política externa expansionista. Paris, dessa forma, agiu de maneira agressiva, invadindo a Argélia, exercendo hegemonia na Indochina e participando de várias guerras na Europa. Já na América Latina, um dos eixos principais de sua atuação foi a "defesa da latinidade", em um projeto muito semelhante ao espanhol, mas com a França como protagonista.

Um dos grandes divulgadores do conceito foi um dos assessores de Napoleão III, Michel Chevalier (1806-1879). Na avaliação dele, latinos, anglo-germânicos e eslavos estavam em luta pelo domínio global, e caberia à França liderar os povos latinos e católicos. Chevalier forneceu um discurso e um eixo para a política externa de Napoleão III, a qual tinha um viés europeu (apoio à independência italiana, reconhecimento da Espanha como grande potência, acordos comerciais e monetários entre os países latinos) e um americano. Na América, os focos eram a aliança comercial e política com os povos latino-americanos e a instalação de Monarquias, sempre em oposição ao poder dos Estados Unidos.

O grande plano francês, no entanto, foi a implantação de um império no México, entre 1864 e 1867. Desde 1861, soldados franceses atuavam no México e lutavam para conquistar o país, em oposição aos defensores da República, liderados por Benito Juárez. O plano era aproveitar a incapacidade dos Estados Unidos em responder, devido à Guerra Civil que dividia o país, para criar um protetorado francês no México, no formato de uma Monarquia. Em 1864, a Coroa foi entregue ao arquiduque austríaco Maximiliano, que denominou o novo Estado de "Império Mexicano".

O caso de Maximiliano é emblemático se queremos entender o universo dos impérios da segunda metade do século XIX. Na Áustria, ele havia sido um defensor da participação austríaca na nova expansão colonial europeia, através do estabelecimento de redes comerciais, do fortalecimento da Marinha imperial e da anexação de alguns territórios-chave, de forma que os austríacos pudessem controlar rotas comerciais e estabelecer entrepostos e bases de suprimentos no exterior, seguindo o exemplo britânico e francês. Internamente, Maximiliano era um defensor da monarquia constitucional, de perfil liberal, em oposição ao conservadorismo clássico. Na Áustria, contudo, ele não tinha possibilidades de chegar ao trono e implantar suas reformas liberais. Além disso, seu irmão, o imperador Francisco José, não via com bons olhos uma expansão direta do Império no exterior.

Ao aceitar a Coroa mexicana, Maximiliano defendia que o sistema de governo monárquico seria capaz de dar estabilidade e prosperidade ao país, especialmente porque o que se propunha era uma monarquia constitucional com base em princípios liberais e modernos, como a separação entre a Igreja e o Estado e um tratamento melhor aos povos indígenas. Ao mesmo tempo, através de uma rede de alianças (com a própria Áustria, a Bélgica, a França e o Império Brasileiro, governado por seu primo Pedro II), ele poderia expandir o seu império em direção ao sul e conter o poder britânico e, especialmente, o expansionismo dos Estados Unidos ao norte. O plano acabou falhando diante da oposição da maioria dos mexicanos e dos Estados Unidos, e da decisão francesa de retirar o seu apoio financeiro e militar. Em 1867, Maximiliano pagou com a vida os seus projetos imperiais, sendo executado por fuzilamento.

Projetos e sonhos imperiais como esses não eram absurdos na realidade daqueles anos. Maximiliano e os franceses queriam utilizar o México como a base para a criação de uma grande rede comercial que atingiria praticamente toda a América Latina, excluindo os rivais britânicos e americanos. Seria aberto um canal transoceânico entre os oceanos Pacífico e Atlântico, bases navais e entrepostos comerciais seriam estabelecidos em todo o Caribe, e a riqueza mineral e agrícola mexicana poderia fluir para a França, a Áustria e seus aliados. Não se pensava mais apenas na prata mexicana como os espanhóis haviam feito desde o século XVI (ainda que isso tenha sido um elemento importante para a decisão francesa de intervir no país), mas na criação de uma rede global de comércio e na colonização demográfica por imigrantes que viriam da Áustria.

Os métodos empregados por Maximiliano e pelo imperador francês Napoleão III para dar legitimidade ao novo Estado – a criação de um império, a exploração das relações dinásticas com as casas reinantes no Brasil, na Áustria, na França e na Bélgica – também faziam sentido no imaginário das grandes potências naqueles anos, ainda que nem a Áustria nem o Brasil tenham apoiado, por vários motivos, o projeto de Maximiliano. O sistema monárquico ainda era considerado uma alternativa válida de governo e o modelo imperial algo plenamente aceito.

De qualquer modo, com a morte de Maximiliano e a reunificação dos Estados Unidos, a França abandonou quaisquer ideias de criar um novo império na América Latina. Em boa medida por causa disso, aliás, ela preferiu se concentrar na anexação de territórios na Ásia e na África: a consolidação do poder dos Estados Unidos deixava claro como a América Latina estava, a partir de então, fora do alcance dos impérios europeus. A França voltou a investir no imperialismo informal com base na força da sua cultura e do seu comércio, e o único império remanescente no continente passou a ser o brasileiro.

Mencionar o Império Brasileiro no contexto do novo imperialismo de meados e fim do século XIX é conveniente para entendermos o jogo imperial naqueles anos. O país que saiu da dominação portuguesa poderia ter se denominado reino, mas preferiu o título de império, até pelo seu enorme território. Ele só foi aceito como tal pelos europeus, contudo, pelo fato de o governante pertencer a uma dinastia europeia tradicional e porque era uma maneira de prestigiar a forma monárquica de governo nas Américas. O Império Brasileiro foi, entre as várias experiências monárquicas na América Latina após a independência, o mais sólido e estável, tanto que era um dos modelos de Maximiliano.

A sua existência em um continente de repúblicas (e o fato de ser baseado na escravidão) gerava desconfianças nos vizinhos. A sua intervenção permanente no rio da Prata (Uruguai, Paraguai e Argentina) também causava temores nos países hispânicos sobre um suposto expansionismo brasileiro. Isso era, evidentemente, um exagero. O Império Brasileiro era gerido por um monarca constitucional e, apesar dos esforços para impedir que qualquer país dominasse a bacia do Prata, sua política externa era pouco agressiva ou expansionista. Isso, em boa medida, era efeito da sua estrutura econômica: um país rural, com mão de obra escrava, não tinha necessidade de adquirir novos territórios ou matérias-primas vitais para uma indústria que mal havia se desenvolvido. O Brasil era um país importador de produtos industriais e capitais, e mesmo a sua integração ao circuito populacional oriundo da Europa visava obter novas fontes de mão de obra barata para a agricultura, ainda que o impulso colonizador no Sul e o desejo de aumentar a proporção de brancos na população só fizessem sentido dentro da mentalidade eurocêntrica e imperialista da época.

O Império Brasileiro, dessa forma, apesar de ter uma política externa coerente e bastante ativa, era essencialmente objeto de disputa de outros impérios, como o Português, o Britânico, o Norte-americano e outros. Na primeira metade do século XIX, em um mundo ainda rural, ele podia até se comparar grosseiramente, em termos de riqueza, com a nascente República americana, por exemplo. Ao final desse século, contudo, enquanto os Estados Unidos haviam se industrializado, enriquecido e se tornado um novo império, e os europeus se lançavam ao mundo em busca de novos territórios, o Império Brasileiro continuava rural e pobre. O advento da República não melhoraria muito as coisas, e foi apenas o poder naval britânico e americano que impediu, na verdade, que o Brasil se tornasse terra de conquista. Permaneceu, assim, na posição de território formalmente independente, mas dentro da área de influência de impérios mais poderosos.

OS IMPÉRIOS PERIFÉRICOS EUROPEUS: ÁUSTRIA-HUNGRIA E IMPÉRIO OTOMANO

O antigo Império Austríaco também tentaria se adaptar aos novos ventos do século XIX. Para lidar com os crescentes apelos nacionalistas, a figura do imperador e a dinastia foram valorizadas de forma a associar o povo com o monarca. Após inúmeras idas e vindas, o absolutismo acabou cedendo espaço, a partir de 1867, a um regime mais tolerante e constitucional. No mesmo ano, o império se dividiu em duas metades – Áustria e Hungria –, mantendo-se apenas as questões militares, financeiras e de assuntos exteriores sob um comando único, de modo a aplacar os nacionalistas húngaros.

A utilização do termo "império" é adequada para definir a Áustria-Hungria. Não só havia no poder uma casa imperial das mais importantes da Europa, os Habsburgo, como a população e o território do império eram, para os padrões europeus, substanciais: em 1914, o território imperial, com 676.615 km², era o segundo da Europa, e seus quase 52 milhões de habitantes formavam a terceira maior população do continente. O Império Austro-Húngaro, além disso, era uma Babel de povos e culturas: 14 idiomas principais eram falados nesse território por povos que se identificavam como alemães, húngaros, eslovenos, eslovacos, tchecos, romenos, sérvios, italianos, poloneses, ucranianos, croatas e outros povos minoritários. O Império Austro-Húngaro era majoritariamente católico, mas abrigava substanciais minorias judaicas, ortodoxas, protestantes e muçulmanas. Além disso, as partes alemã e tcheca do Império Austro-Húngaro haviam se industrializado rapidamente e se tornado centros industriais de importância antes de 1914, enquanto outros territórios austríacos, como a Galícia e a parte húngara, eram essencialmente produtores de alimentos.

A forma austro-húngara de lidar com essa diversidade era a repressão e a tentativa de homogeneização, na parte húngara, e a tolerância e a abertura aos vários grupos étnicos e nacionais, na parte austríaca. O problema é que, nessa época de fortes reivindicações nacionalistas, era difícil ser simpático a todos. Um gesto em direção a um grupo podia contrariar os interesses de outro, e mesmo o estabelecimento de um Parlamento eleito acabaria, na verdade, colaborando para expandir os conflitos ao invés de diminuí-los, já que havia uma arena onde expressá-los. Além disso, dar aos húngaros uma quase independência fez com que outros povos, como os tchecos, quisessem o mesmo. Italianos e romenos, por sua vez, eram atraídos pelos nacionalismos da Romênia e da Itália, enquanto sérvios, croatas, eslovenos e outros eslavos do sul eram cortejados pela Rússia, que se proclamava "a defensora dos povos eslavos".

Mesmo assim, o Império Austro-Húngaro se revelou capaz de lidar com esses problemas por algum tempo. Seu pluralismo e flexibilidade se mostraram eficazes, e ele funcionou como uma estrutura política estável até a fatídica decisão de iniciar a Primeira Guerra Mundial. Seu fracasso militar e a incapacidade de sua economia em sustentar uma guerra moderna levariam a uma dependência cada vez maior da Alemanha em um primeiro momento, e, em 1918, a sua dissolução.

Além do problema de lidar com a diversidade, típico dos impérios, a Áustria-Hungria também vivenciava, em seu próprio território, as relações de dependência e hierarquização típicas do colonialismo e do imperialismo da época. A parte oriental mantinha, no que dizia respeito à ocidental, uma relação de troca de produtos industrializados por alimentos, e a parte mais industrializada do país tendia a olhar para a parte oriental como habitada por "povos inferiores", que deviam ser "civilizados". Grupos germânicos e também setores do governo em Viena chegaram a promover a aquisição e a colonização de terras por parte dos falantes de língua alemã, para empurrar a fronteira entre germânicos e eslavos para o leste. Viena também incentivou a transferência de "povos confiáveis", como os italianos da região de Trento, para áreas habitadas por povos considerados "atrasados", como a Bósnia-Herzegovina. Esta província foi vista por alguns historiadores como "a colônia do Império dos Habsburgo", por ser na prática imaginada e tratada, em boa medida, como tal.

É uma realidade, contudo, que a Áustria-Hungria foi uma quase anomalia no contexto imperialista europeu antes de 1914. Era uma grande potência em termos militares e econômicos, participava ativamente dos fluxos econômicos e culturais europeus e também na política do continente. No entanto, foi avessa a aventuras coloniais desde o princípio, e mesmo quando houve oportunidades, como no arquipélago de Sokotra em 1857 ou em Rio do Ouro, na costa africana, em 1908, Viena preferiu não se envolver.

Essa relutância já foi explicada de várias formas: uma prova do anacronismo e da decadência intrínsecos do Estado Habsburgo, um exemplo de um Estado incapaz de se pensar no mundo, uma prova de como o capitalismo industrial austríaco era incipiente ou mesmo uma evidência de um suposto pacifismo ou de boa vontade austríaca frente aos povos tropicais. A explicação mais provável, contudo, é geográfica e política: com uma posição pouco favorável em termos geográficos, sem uma saída direta para o oceano Atlântico, e com suas preocupações de segurança concentradas nos espaços alemães e italianos e, posteriormente, nos Bálcãs, Viena via aventuras para além do oceano como um desperdício de recursos necessários em questões mais próximas.

Além disso, o equilíbrio político interno era tão complexo que ações fora da Europa eram percebidas como ameaças potenciais a ele. Adquirir uns poucos territórios para fins de segurança, como na Sérvia ou na Albânia, era possível e até desejável, mas a Áustria-Hungria não foi à guerra, em 1914, para expandir substancialmente as suas possessões e muito menos no além-mar. Por fim, como visto, a Áustria-Hungria já tinha um espaço interno considerado disponível para a colonização demográfica, aquisição de matérias-primas e investimentos. Uma expansão além-mar, portanto, não era tida como algo que valesse a pena.

Apesar disso, o fato de o Império Austro-Húngaro não ter tido colônias não significa automaticamente que ele e povos que habitavam seu território estivessem excluídos do *sistema imperial* montado pelos europeus desde o século XVI: o Império Austríaco e, depois, a Áustria-Hungria participaram do momento imperial europeu de forma indireta. Missões científicas e culturais austríacas coletaram informações geográficas e antropológicas, as quais facilitaram a expansão de outras potências imperiais na Ásia, na África e na América Latina. Expedições navais colaboraram na criação de uma rede global de comunicações e transportes que foi fundamental para a Era dos impérios, e emigrantes oriundos da Áustria-Hungria partiram aos milhões para a América (especialmente para os Estados Unidos, mas também para o Brasil e a Argentina) dentro do movimento populacional criado pelos europeus naquela época. Portos austríacos, como Trieste, também eram polos fundamentais para a rede de comércio, emigração e poder naval que permitia ao sistema imperial europeu funcionar.

Em resumo, o Império Austro-Húngaro estava inserido no sistema imperial europeu e ainda que tenha preferido não conquistar colônias fora da Europa pela força das armas, isso não significou aversão ao expansionismo para fora do continente. No entanto, a não participação direta na conquista do mundo era vista pelos seus vizinhos como um indício de que o Império estava ficando para trás com relação a outras potências e, ao mesmo tempo, o enfraquecia na competição generalizada entre povos, nações e empresas. Enfim, ele era um Império importante e um ator relevante nas relações internacionais do século XIX, mas claramente era periférico, sempre em risco de ser dissolvido e absorvido pelos mais fortes, como efetivamente ocorreria em 1918. O mesmo pode ser dito do Império Otomano, cujo caráter periférico, contudo, era ainda mais acentuado do que no caso austro-húngaro.

O Império Otomano existia desde o final da Idade Média e, nos séculos XVI e XVII, tinha sido uma potência de primeiro time: seus territórios incluíam o norte da África, boa parte do Oriente Médio, o sul da Ucrânia e quase todos os Bálcãs. Suas forças navais controlavam o Mediterrâneo oriental. Por duas vezes, ele quase tomou Viena. Os Habsburgo só conseguiram conter os otomanos porque puderam contar com recursos saqueados dos impérios conquistados da América (Maia, Inca e Asteca) e, posteriormente, com aqueles que vinham das províncias americanas, o que indica o alcance global da competição entre os impérios.

No século XIX, o Império Otomano ainda era uma potência a ser levada em conta, mas em contínua decadência econômica e militar. Em boa medida, o seu poder nos séculos XVI a XVIII o tornava vulnerável no século XIX. Ele não tinha colonizado um novo continente devido a dificuldades geográficas, ao valor das redes comerciais que ele já dominava no Índico e simplesmente por não ter achado que valia a pena. Isso o privou dos meios necessários para uma revolução econômica como a que ocorreu na Grã-Bretanha, a Revolução Industrial. Sem industrialização e modernização, o Império Otomano acabou ficando inevitavelmente para trás em termos militares, e seus territórios acabariam sendo, pouco a pouco, ocupados ou controlados pelos europeus.

Em 1914, o norte da África antes otomano estava dividido entre franceses, britânicos e italianos, e o sul da Ucrânia e parte do Cáucaso, ocupados pela Rússia. Nos Bálcãs, os territórios russo e austríaco haviam sido ampliados às expensas dos otomanos e vários Estados (como Grécia, Albânia, Sérvia, Romênia e Bulgária) haviam se tornado independentes. Após a Primeira Guerra Mundial, por fim, o Império Otomano foi dissolvido, e seus territórios árabes, gregos e armênios acabaram ficando sob o controle de gregos, franceses e britânicos, e a própria Turquia só não foi dividida por causa da resistência liderada por Mustafa Kemal Atatürk na Guerra de Independência Turca, entre 1919 e 1923.

Antes disso, os otomanos tentaram reformar o seu Estado e resistir à pressão europeia: buscaram aprimorar o sistema político, armar e treinar adequadamente o Exército e modernizar minimamente a economia do país. Desde o século XVIII, os sultões procuravam importar armas e técnicas ocidentais, e aprimorar a administração e o sistema educativo; em 1880, o Exército tinha 120 mil soldados e estava centralizado nas mãos do governo imperial. Ferrovias, como a que ligava Istambul a Bagdá, foram construídas para melhorar as comunicações internas e facilitar a atividade econômica e o trânsito de tropas. Os resultados foram consistentes, mas limitados. O comércio otomano, por exemplo, cresceu 10 vezes de 1820 a 1914, mas o Império exportava principalmente produtos primários ou artesanais e importava produtos industriais da Europa, o que inibia uma industrialização própria.

O grande problema é que os esforços feitos não foram suficientes, sobretudo porque os otomanos viviam uma situação vulnerável devido a sua localização geográfica: seus territórios eram cobiçados pelos impérios europeus. Além disso, nessa época, os ideais nacionalistas vindos da Europa se espalharam com especial força nos Bálcãs e no Oriente Médio, o que levou a descontentamentos e reivindicações de árabes, gregos, sérvios e outros povos que, agora, não apenas se viam como entidades nacionais separadas, como também recebiam apoio dos poderes europeus para livrar-se do poder otomano.

O caso dos otomanos se aproxima de outros Estados daquele momento, por exemplo, o persa e o tailandês e diversos da periferia da Europa. As potências europeias estavam se fortalecendo com a industrialização – suas sociedades se tornavam mais produtivas e suas forças armadas mais poderosas –, e, com isso, a pressão imperialista só aumentava. A solução evidente era copiar seus inimigos, especialmente em termos militares, o que gerou um imenso mercado, naquela época, para vendedores de armas e assessores militares vindos da Europa.

Isso parecia fazer sentido, mas trazia novos problemas. O dinheiro necessário para fortalecer o Império Otomano e promover o desenvolvimento (ferrovias, novo sistema educacional, novos estaleiros e fábricas) vinha, na maior parte das vezes, de empréstimos contraídos com os próprios europeus. Com o tempo, as dívidas o tornavam ainda mais permeável à influência direta e indireta da Europa que, por sua vez, acabava afetando a sociedade e a organização do Estado otomano. A imposição, pelos europeus, de tratados de comércio pouco vantajosos aos otomanos também dificultava um maior desenvolvimento econômico.

Não bastava adotar armas e treinamento ocidentais para as forças navais e terrestres, melhorar os códigos legais e a educação e implantar uma ou outra ferrovia. A modernização promovida pelo capitalismo no século XIX europeu ia muito além de uma simples mudança econômica, pois implicava alterações de valores, da estrutura social e política e do próprio Estado e sociedade, o que acabava sendo visto como inaceitável para a maior parte das elites econômicas, políticas e religiosas e mesmo do povo desses países, especialmente na Ásia e na África. Medidas modernizantes como, por exemplo, estabelecer um governo constitucional e laico, expandir a educação pública, dar direitos políticos, ainda que mínimos, aos pobres e às mulheres desagradavam grupos influentes.

O IMPERIALISMO E A QUESTÃO FEMININA

A dominação imperial impactava a vida de todos os dominados, homens ou mulheres, mas estas podiam ter problemas específicos. O mais evidente era a submissão sexual: os colonizadores tinham acesso privilegiado aos corpos das mulheres africanas ou asiáticas, seja pelo estupro, seja desfrutando da posição de superioridade que eles assumiam nos territórios imperiais. Mesmo o mais simples soldado ou administrador podia desfrutar desse poder sexual – situação que chegou até o século XX, como indica, por exemplo, o caso das "mulheres conforto" coreanas, forçadas à prostituição pelo Exército imperial japonês durante a Segunda Guerra Mundial.

Ao mesmo tempo, é possível constatar que a modernidade trazida pelos europeus foi ambígua no tocante ao papel feminino na sociedade. Por um lado, a disrupção das sociedades tradicionais fez com que muitas mulheres perdessem seus antigos papéis sociais, especialmente no mundo rural. Por outro, ideias sobre a liberação feminina, vindas da Europa, passaram a circular no mundo colonial, sobretudo no século XX, levando a mudanças de comportamento, principalmente nas cidades. Ao menos uma pequena parte da população feminina muçulmana da Argélia ou da Tunísia, por exemplo, recebeu uma educação ocidental e passou a ter uma autonomia maior do que suas mães e avós, o que chocava os seus conterrâneos conservadores.

Na verdade, o rompimento da ordem tradicional no tocante aos papéis de gênero foi reconhecido como algo importante para a modernização também por governantes que tentaram fortalecer seus Estados para escapar da dominação colonial, já no século XX; os exemplos são inúmeros, em particular no mundo muçulmano, como indicam os casos da Turquia, do Iraque, do Afeganistão e do Irã nos anos 1960 e 1970. Os limites do processo, contudo, ficaram evidentes: a zona rural, por exemplo, foi pouco atingida. Mesmo assim, é importante observar que a reação conservadora que derrubaria depois esses regimes modernizantes teve como argumento central justamente a necessidade de voltar à tradição e, por consequência, aos papéis de gênero anteriores. Por conta disso é que mulheres de classe média do Afeganistão, por exemplo, que se vestiam com roupas ocidentais nos anos 1970, hoje são obrigadas a usar a burca. E as mulheres iranianas, que chegaram a viver como cidadãs iguais aos homens, atualmente são perseguidas por milícias tradicionalistas antiocidentais.

A modernização, assim, era sempre incompleta e, no limite, acabava por fragmentar ainda mais o Estado, pois se rompia com elementos da sociedade tradicional sem que uma nova se consolidasse. Esse problema afetou o Império Otomano. E, com exceção do Japão (cuja modernização foi mais integral), afetou também a Rússia, a Áustria-Hungria, Portugal, Espanha e com mais força os impérios fora da Europa.

OS IMPÉRIOS PERIFÉRICOS AFRICANOS: ETIÓPIA E EGITO

O Império Etíope era um dos mais antigos Estados do mundo, com uma história de milhares de anos. No século XVI, ele estava em expansão no Chifre da África, o que levou ao choque com os otomanos e a uma aliança com os portugueses. Após várias fases de centralização e fragmentação, o Império Etíope se tornou, no século XIX, um ator importante no cenário regional africano. Nessa época, houve um esforço para modernização econômica e do Estado, e suas forças militares foram capazes de derrotar diversas expedições militares otomanas e egípcias. Além disso, os etíopes se expandiram territorialmente, com extrema violência, em detrimento dos seus vizinhos. Também chegaram a derrotar os italianos, que ambicionavam seus territórios, na Batalha de Adua, em 1896. Entre as duas guerras mundiais, o esforço e a modernização foram ainda maiores: tentou-se criar uma infraestrutura moderna, compraram-se novas armas europeias para o Exército e foi estabelecida uma Constituição nos moldes liberais. A escravidão foi abolida.

A modernização, contudo, foi claramente insuficiente e o Império Etíope cairia em mãos dos italianos em 1936, depois de uma guerra em que a capacidade industrial italiana fez a diferença: apesar dos esforços modernizadores etíopes, a Itália de 1936 pôde colocar em ação aviões, tanques e gás venenoso contra soldados muito menos equipados e treinados. Em resumo, um Império que exercia poder e oprimia os vizinhos, o Etíope, foi alvo da ação imperial europeia e acabou por ser incorporado a um deles, até ser libertado, durante a Segunda Guerra Mundial, pelas forças de outro Império, o Britânico.

O Egito foi um caso semelhante. O país esteve sob a dominação otomana desde 1517, mas sempre contou com alguma autonomia e, ao final do século XVIII, lançava suas próprias expedições para submeter a Síria, o Iêmen e outros territórios da península arábica. Após a invasão francesa (1798-1801) ter sido repelida essencialmente por forças locais, a autonomia frente ao Império Otomano se ampliou. Novas expedições egípcias foram enviadas ao Sudão, à Síria e à Líbia, na mesma época em que tropas otomanas eram derrotadas em diversas guerras entre 1831 e 1841. Em 1876, o Egito, apesar de continuar a pagar tributos a Istambul, já era praticamente independente.

Nas décadas seguintes, houve um esforço para modernizar a economia, a sociedade e o Estado, incluindo as forças armadas egípcias. Ao mesmo tempo, franceses e britânicos começaram a ter uma imensa influência no país, considerado estratégico devido aos planos de construção do canal de Suez. Grandes empréstimos dessas duas potências foram concedidos para financiar os esforços de modernização (e também os luxos dos governantes egípcios), mas o Egito, ao final, não conseguiu arcar com os pagamentos, o que levou à intervenção naval inglesa e francesa e, enfim, à ocupação britânica em 1882. O Protetorado britânico no Egito só foi estabelecido formalmente em 1914, mas, na prática, desde 1882, a Grã-Bretanha controlava o Egito, para grande irritação de franceses e italianos, que também tinham interesses no país.

A posição egípcia na constelação dos impérios durante esses anos foi, no mínimo, curiosa: era um protetorado britânico, e boa parte da sua economia girava ao redor dos interesses econômicos e militares de Londres, especialmente na questão do canal de Suez. Contudo, o capital francês também se fazia presente no país, e coletividades oriundas da Europa – como a italiana e a grega – tinham papel importante na parte mais dinâmica e moderna da economia egípcia, como o comércio e a exportação de produtos artesanais e agrícolas, além da administração do canal de Suez.

Por fim, o Egito conseguiu se tornar uma espécie de "subimpério" ao enviar seus soldados para reconquistar o Sudão (de onde os britânicos tinham sido expulsos em 1885 por nacionalistas islâmicos) em 1896-1898. No entanto, apesar de ter se tornado formalmente um condomínio anglo-egípcio, quem daria as cartas no país conquistado seriam de fato os britânicos.

O IMPÉRIO CHINÊS

É difícil estabelecer com precisão quando começou a civilização chinesa, mas ela é, com certeza, uma das mais antigas do mundo, existindo de forma ininterrupta por milhares de anos até os dias de hoje. A origem do Estado chinês pode ser buscada na dinastia Zhou, 3 mil anos atrás, e o primeiro imperador chinês, Qin Shi Huang, assumiu esse título em 221 a. C. Em resumo, lidamos aqui com um Estado que já existia quando os egípcios construíam suas pirâmides e cujo imperador já era assim chamado quando Otávio Augusto se proclamou "imperador romano". Entre momentos de centralização e descentralização, de unidade e guerra civil, de controle sobre vizinhos e de submissão a eles, os chineses formaram o império mais antigo da Terra e querer abordar a sua história em poucas páginas seria impossível.

O importante é observar aqui como o Império Chinês reagiu ao desafio da chegada dos europeus ao seu território. Já na Era dos Descobrimentos, portugueses, britânicos, franceses e outros europeus estabeleceram rotas de comércio com a China, mas o imperador chinês conseguiu disciplinar esse comércio determinando que os europeus só pudessem estabelecer entrepostos no porto de Cantão.

Por séculos, o comércio entre a China e a Europa foi intenso, mas sempre marcado pelo desequilíbrio. Os chineses produziam seda, porcelana e muitos outros artigos com alto valor na Europa, mas a sua demanda por produtos europeus era pequena, já que a economia chinesa era tão ou mais avançada que a europeia. Isso obrigava os europeus a pagarem as importações chinesas com prata, a qual servia para dar lastro à moeda chinesa e vinha principalmente das colônias espanholas, no México e no Peru. Esse arranjo funcionou bem até o momento em que os britânicos decidiram reequilibrar a balança de pagamentos com um produto cultivado na Índia, o ópio, uma droga com efeitos viciantes e devastadores para o ser humano.

Tentando impedir a expansão do vício entre seus súditos e também o déficit em prata que estava a surgir, o imperador chinês promulgou várias leis e decretos contra a importação e o consumo do ópio. Isso levou à reação das novas potências coloniais, em especial a Grã-Bretanha, que desembocou nas chamadas Guerras do Ópio, entre 1839-1842 e 1856-1860, que terminaram com a derrota da China, então obrigada a abrir o seu mercado para a Europa, permitir o livre trânsito aos comerciantes britânicos, pagar indenizações financeiras e legalizar o consumo do ópio em seu território. O imperador chinês acabou sendo obrigado a renunciar a alguns impostos alfandegários e aos seus direitos de proteger os seus cidadãos. Também teve que ceder territórios (como Hong Kong) e reconhecer o direito dos britânicos de serem julgados, mesmo na China, por leis britânicas. Isso tudo representou uma grande humilhação para os chineses.

As Guerras do Ópio são importantes igualmente por indicarem um novo momento na relação da China com a Europa e o seu novo imperialismo. Em primeiro lugar, elas foram travadas em nome dos princípios do livre-comércio, segundo os quais o imperador chinês não tinha o direito de interferir nos desejos dos consumidores chineses em usar drogas nem de impedir os britânicos de satisfazer essa demanda. Mas esse "livre-comércio" foi aplicado com a força das armas. Em segundo, a derrota chinesa para as modernas armas produzidas pela industrialização (especialmente as navais) deixou claro que o Ocidente tinha agora a supremacia militar e a determinação de usá-la para intervir na China. A partir desse momento, pelas décadas a seguir, a China procurou se modernizar para ser capaz de enfrentar os novos desafios, mas esse processo encontrou obstáculos diante das potências imperialistas que impediam que a China implementasse políticas nesse sentido.

A China perdeu territórios para a Grã-Bretanha, a França, a Rússia, a Alemanha e o Japão; o que sobrou foi dividido em esferas de influência, ou seja, áreas nominalmente sob o controle chinês, mas onde as potências estrangeiras de fato davam as cartas. O governo chinês foi obrigado a permitir, por exemplo, a ação de missionários cristãos entre os chineses. Também teve que seguir diretrizes políticas e econômicas ditadas pelos embaixadores europeus, especialmente os britânicos. Os Estados Unidos, embora não tenham buscado exercer uma influência mais direta no país, insistiram para que o mercado chinês fosse aberto a todos os que quisessem nele atuar, e que o governo não impusesse taxas ou impostos sobre as importações e as exportações.

"China, a torta dos reis e dos imperadores." Nessa caricatura francesa de 1898, a rainha da Inglaterra, o czar russo, o imperador alemão e a República Francesa (além de um samurai representando o Japão) dividem entre si a "torta chinesa", sob os protestos inúteis de um representante do imperador chinês.

Durante esse período, em reação, aconteceram na China várias revoltas contra a dominação estrangeira, sendo a principal a dos Boxers, entre 1899 e 1901. Mesmo derrotadas, elas acabaram sendo importantes por demonstrar que conquistar e dividir a China seria custoso. Além disso, o governo imperial chinês havia conseguido criar uma força militar terrestre que tinha sido capaz de se opor aos europeus em alguns momentos. O governo dos Estados Unidos, por sua vez, era contrário à partilha completa da China (seguindo o modelo africano) proposta por muitos europeus. O resultado foi que os europeus concluíram que não seria possível conquistar totalmente o país e que seria mais vantajoso controlá-lo através do governo imperial chinês. Apenas o Japão romperia com esse padrão, procurando a conquista direta em meados do século xx.

* * *

O imperialismo europeu teve mais facilidade para se expandir em territórios fragmentados em termos políticos, ou seja, em tribos, clãs ou reinos. Tais unidades políticas não tinham os recursos necessários para se opor ao poder militar e econômico europeu e, por isso, perderam rapidamente as suas terras e a sua independência. Já os impérios periféricos tinham, graças a sua capacidade de mobilização de recursos e memórias de sucessos militares anteriores, maiores chances de resistir ao imperialismo ocidental ou de se adaptar aos novos ventos no período considerado.

Obviamente, ser um império não era o único fator. A Índia, a Etiópia, o Egito e o Império Otomano, por exemplo, acabaram por ser conquistados e divididos. Contava também a posição geográfica, o clima, a força da resistência dos habitantes locais aos recém-chegados e a própria dificuldade dos conquistadores em dividir os despojos – fatores que impediram, por exemplo, a divisão da China e do Império Português e, por algum tempo, da Áustria-Hungria e do Império Otomano. Já a América Latina escapou de ser recolonizada e ter seus territórios divididos (conforme queriam muitas pessoas na Espanha, Itália, Alemanha, Bélgica e em outras partes da Europa) por estar longe demais do continente europeu e, principalmente, porque tanto os Estados Unidos como a Inglaterra, que dividiam o controle econômico do subcontinente e a supremacia naval no Atlântico, não permitiram.

Houve ainda tribos ou entidades políticas menores que conseguiram manter sua independência, mas isso só ocorreu, habitualmente, em locais que favoreciam a resistência (como selva ou montanhas) e em territórios sem grande valor para os possíveis invasores. Ou como no caso do Afeganistão e da Tailândia, porque as potências imperiais decidiram utilizar esses reinos como Estados-tampão entre os Impérios Russo, Britânico e Francês. Nessa época, ser uma unidade política mais ampla, como um Estado ou mesmo um império, ainda que periféricos, era um elemento que poderia fazer a diferença entre se tornar um país com autonomia relativa ou uma colônia propriamente dita.

A análise dos impérios periféricos nos permite entender como antigos poderes imperiais encararam os desafios do novo imperialismo, seus sucessos e fracassos. Podemos ainda compreender o caráter global e complexo do momento imperial europeu nos séculos XIX e XX, além das conexões entre esse momento e a trajetória dos impérios ao longo da história.

Renovação, colapso e renascimento dos impérios

A PRIMEIRA GUERRA MUNDIAL E A RENOVAÇÃO DOS IMPÉRIOS

A busca de territórios imperiais foi uma das causas da Primeira Guerra Mundial. Ao mesmo tempo, esses territórios colaboraram decisivamente para a vitória dos Aliados, não apenas em termos econômicos como também humanos: pelo menos meio milhão de soldados (200 mil norte-africanos, 150 mil africanos e 50 mil indochineses) serviram no Exército francês, além de uns 150 mil homens que colaboraram na vigilância das colônias francesas, liberando soldados brancos para o fronte. No caso britânico, os Domínios forneceram um número excepcional de homens: 1,2 milhão de canadenses, australianos, sul-africanos, neozelandeses e outros serviram na Primeira Guerra Mundial. Um número imenso de africanos serviu como soldados ou carregadores na conquista britânica das colônias alemãs na África, enquanto a Índia colaborou com 1,5 milhão de homens. Assim, é razoável afirmar que não foi a Grã-Bretanha que lutou entre 1914 e 1918, mas o Império Britânico.

Depois da Primeira Guerra Mundial, ficou claro que a visão racista e colonialista do mundo continuava a imperar. O presidente dos Estados Unidos, Woodrow Wilson, por exemplo, grande defensor da autodeterminação dos povos europeus, considerava que os africanos e os asiáticos não estavam prontos para o mesmo passo. Além disso, ele tratava os negros americanos como cidadãos de segunda classe e defendia o "direito" do seu país de intervir na América Latina o quanto fosse necessário para defender os interesses dos EUA.

As potências ocidentais imaginavam que os Impérios Austro-Húngaro, Alemão e Russo dariam origem, após uma remodelação étnica (ou seja, a transferência de população entre os antigos territórios para que cada um deles tivesse uma etnia numericamente dominante), a diversos Estados-nação homogêneos e soberanos. Esse princípio, contudo, só era aplicável na Europa, o que permitiu que as colônias africanas e asiáticas da Alemanha e os antigos territórios do Império Otomano fossem simplesmente divididos entre franceses e ingleses, sob a forma de Mandatos.

No entreguerras, portanto, ninguém imaginava que fosse o fim do imperialismo. Os despojos dos derrotados foram incorporados pelos vencedores e as promessas feitas aos colonizados, durante a guerra, de mais autonomia e direitos foram simplesmente esquecidas. Já em 1919, por exemplo, ficou muito claro que as promessas britânicas de autogoverno na Índia não seriam cumpridas: 379 indianos foram mortos e outros 1.200 feridos pelo Exército britânico em uma manifestação pela autonomia do país em Amritsar. Até alguns dos Estados que surgiram, como a Polônia, tiveram sonhos, que nunca foram em frente, de conquistar espaços coloniais na África ou no Oriente Médio para o envio de colonos e para a aquisição de matérias-primas. No caso polonês, aliás, se pensou mesmo na criação de um protetorado na Palestina, para onde os judeus poloneses pudessem ser deslocados, o que reforçaria a homogeneidade racial (os judeus eram considerados uma raça diferente da polonesa) e religiosa, católica, da nova Polônia.

Mesmo assim, o *sistema imperial* sofreu algumas modificações para manter sua força. No entreguerras, franceses e britânicos fizeram esforços para ampliar a participação das lideranças locais na administração e melhorar a condição de vida dos dominados. Cogitaram até a concessão de alguns direitos aos colonizados, mas na prática isso não aconteceu. Nos anos 1930, a crise econômica acabaria estimulando um aumento na exploração dos mercados e da mão de obra coloniais, empobrecendo o campo na Índia e na África, por exemplo.

O Império Britânico foi o que mais avançou em termos de projetos para modificar o império a fim de que ele pudesse sobreviver. Reforçou-se a convicção de que a única alternativa para a sobrevivência do Império Britânico era transformá-lo em um "Estado-nação ampliado". Já em 1883, John Robert Seeley lançou um livro que se tornaria famoso – *The Expansion of England* – em que defendia justamente a proposta de uma Grã-Bretanha maior. Ele identificava, nos Estados Unidos e no Império Russo, uma expansão nacional com maior potencial de se tornar permanente do que a dispersão colonial britânica; assim, propunha que, ao menos nas colônias brancas, os cidadãos britânicos – quer vivessem em Kent, Toronto, Sydney ou Cambridge – tivessem os mesmos direitos e representação no Parlamento, sem quaisquer distinções entre pessoas das colônias e da metrópole. Obviamente, a proposta tinha tons racistas, já que pressupunha uma federação de cidadãos livres brancos espalhados pelo mundo. Indianos, africanos e asiáticos (na Índia e nas colônias africanas e asiáticas do Império Britânico) estariam, evidentemente, de fora, sendo submetidos ao controle direto e sem igualdade.

Essa ideia teve alguma popularidade, mas esbarrou no fato de que os Domínios não queriam renunciar à autonomia, especialmente econômica, que eles tinham adquirido frente à Grã-Bretanha com o passar do tempo; a autonomia com relação a impostos ou o uso das terras públicas, por exemplo, era algo que os colonos preferiam controlar diretamente. Muitos políticos britânicos também não se entusiasmaram com a possibilidade de cederem assentos no Parlamento para as crescentes populações brancas de fora do Reino Unido.

Durante a crise econômica ocorrida entre as duas guerras mundiais, a proposta da *Greater Britain* avançou um pouco, especialmente nos círculos fascistas britânicos, mas nunca chegou a se concretizar. Reconhecendo, contudo, que os Domínios eram cada vez mais independentes, o governo de Londres deu ainda mais poderes a eles: pelo Estatuto de Westminster em 1931, eles se tornaram praticamente independentes, com a Grã-Bretanha controlando apenas a política externa e de defesa comum.

Mesmo assim, nos anos 1930, o Império continuava fundamental para a Grã-Bretanha e até ele, o mais liberal dos antigos impérios, estava caminhando para um sistema autárquico. Na esteira do quase colapso do comércio internacional devido à Crise de 1929, a libra esterlina foi desvalorizada e perdeu a sua ancoragem em ouro. Ao mesmo tempo, o livre-comércio, bandeira tradicional britânica, foi abandonado em favor de uma política de "preferência imperial": tarifas especiais foram criadas, em 1932, para favorecer os produtos britânicos e dos territórios do seu Império. Exposições e campanhas de propaganda estimulavam os britânicos a comprar "produtos imperiais" e até receitas de pratos especiais foram elaboradas para estimular o seu consumo: uma de Pudim de Natal, de 1937, tinha por ingredientes passas do Canadá, da Austrália e da África do Sul, migalhas de pão, cerveja e farinha do Reino Unido, banha da Nova Zelândia, ovos do Estado Livre Irlandês, canela em pó e cravo do Ceilão e de Zanzibar, especiarias da Índia, rum da Jamaica e conhaque de Chipre.

Os territórios coloniais franceses, belgas, holandeses, portugueses e espanhóis seguiram uma trajetória semelhante no entreguerras: discursos e projetos de maior autonomia e de maior igualdade entre as partes, associados à manutenção e até ampliação da exploração colonial e da repressão dos descontentes. Já os Estados Unidos, apesar da Crise de 1929, mantiveram a sua dominação informal na América Latina, enquanto a União Soviética conseguiu restaurar, ainda que em outros termos, boa parte do antigo território imperial russo.

O imperialismo, portanto, nem de longe parecia condenado ou destinado a desaparecer, pelo contrário. A maior prova disso esteve na tentativa do Eixo (Japão, Itália e Alemanha) em remodelar a ordem mundial e recuperar e/ou reforçar seus próprios impérios.

OS IMPÉRIOS DO EIXO E A SEGUNDA GUERRA MUNDIAL

Após o fim da Primeira Guerra Mundial, os recém-chegados à corrida imperial haviam perdido suas colônias (a Alemanha), recebido muito menos do que queriam (a Itália) ou tinham ambições ainda maiores (o Japão). A frustração pelos sonhos imperiais não realizados foi elemento importante – ainda que não, certamente, o único – para a ascensão, nos três países, de ditaduras fascistas (na Itália em 1922, na Alemanha em 1933) ou uma dominada pelos militares (Japão, a partir de 1932). Em que pesem as diferenças entre esses regimes, todos tinham em comum o desejo de construir impérios e redividir o mundo em seu favor.

A Itália continuou, durante o fascismo, a perseguir a combinação entre um imperialismo direto e um indireto que estava em seu horizonte desde o período liberal. Ela continuou a utilizar as imensas comunidades italianas instaladas no exterior para promover a cultura e o comércio como elementos para a expansão da influência e do poder italianos no mundo. Contudo, acrescentou a essa política um elemento ideológico: foram feitos esforços para converter os italianos do exterior ao fascismo e para que a propaganda cultural fosse também a da ideologia fascista. Além disso, a Itália procurou criar laços com movimentos políticos fascistas de outros países (como no Brasil, no Reino Unido, na Argentina, na França e na Espanha, entre outros) e com governos ideologicamente próximos, de forma que Roma acabasse sendo vista como "a líder natural do fascismo internacional".

Ao mesmo tempo, o imperialismo tradicional, de conquista direta, continuou a ser uma política do Estado italiano, especialmente nos anos 1930. Em 1936, a Itália invadiu e conquistou a Etiópia, velho sonho do imperialismo italiano, na que foi a última guerra de conquista europeia na África. Na nova África Oriental Italiana (que reunia a Etiópia, a Somália e a Eritreia), o capitalismo italiano deveria encontrar recursos para o seu desenvolvimento e, acima de tudo, haveria terras disponíveis para a colonização demográfica, uma perspectiva coerente com as tradições imperialistas da Itália. Projetou-se ainda o fim da emigração italiana para outros países e a transferência dessa emigração para seus novos territórios, o que acabou não ocorrendo, até mesmo porque a Itália perderia esses territórios poucos anos depois, durante a Segunda Guerra Mundial.

De 1936 a 1939, a Itália participou da Guerra Civil Espanhola e, em 1940, ocupou a Albânia. No mesmo ano, a Itália entrou na Segunda Guerra Mundial, com sonhos de anexar a Tunísia, o Egito, a Grécia, parte da Iugoslávia e tornar o mar Mediterrâneo "um lago italiano". Contudo, após ser derrotado em todas as frentes, o regime de Mussolini foi derrubado, em 1943, e a Itália seria ocupada pela Alemanha e, depois, pelos Aliados, o que significou o fim do Império Italiano.

O Japão iniciou uma nova fase de expansão imperial em 1931, com a ocupação da Manchúria e, em 1937, quando se propôs a fazer algo que nenhuma potência imperial tinha imaginado ser possível, ou seja, conquistar a China. A Guerra Sino-japonesa de 1937 a 1945 foi particularmente brutal, com o Exército japonês sendo responsável por massacres de civis e outras atrocidades. Milhões de soldados chineses e japoneses foram envolvidos na guerra, com perdas elevadas. O Japão só seria expulso da China após a sua derrota final pelos Aliados em 1945.

Em 1940, após a derrota da França na guerra europeia, os japoneses ocuparam a Indochina francesa. Por esse momento, os Estados Unidos estavam a exercer uma grande pressão econômica e militar contra o expansionismo japonês, e eram a única força capaz de impedi-lo. Como resultado, em

7 de dezembro de 1941, a frota japonesa atacou a base naval americana em Pearl Harbor, Havaí. Logo depois, os japoneses avançaram em direção às antigas colônias holandesas, britânicas e americanas no Pacífico. A Indonésia, a Malásia, a Birmânia, as Filipinas e diversos arquipélagos estratégicos caíram sob o controle japonês, assim como postos-chave do Império Britânico, como Cingapura e Hong Kong. A perspectiva japonesa era de que os recursos dessas novas províncias – arroz, borracha, petróleo, minérios diversos, além de terras para colonização – resolvessem o antigo problema de carência de matérias-primas para a indústria japonesa e aumentassem os recursos militares do país, a ponto de capacitá-lo para resistir à inevitável contraofensiva americana. Isso não aconteceu e, quatro anos depois, o Império Japonês terminaria, com a ocupação americana do Japão.

No caso alemão, a perspectiva nazista era recuperar a antiga posição internacional da Alemanha e construir um novo império. Recursos do país foram novamente direcionados para o imperialismo indireto (emigração, cultura, comércio), mas o objetivo maior agora era a conquista direta dos outros povos; afinal, a ideologia nazista via a guerra não apenas como um instrumento para a construção imperial, mas também como um valor em si. A recuperação das colônias perdidas na África era um dos propósitos, mas a prioridade nazista sempre foi o Leste Europeu: no imenso espaço que ia de Berlim a Moscou seria construído um novo império, capaz de prover a Alemanha dos recursos minerais e agrícolas de que ela precisava, além de terras para a colonização demográfica germânica. Na guerra para conquistar e defender esse espaço, especialmente contra a União Soviética, entre 1941 e 1945, os custos humanos e materiais foram imensos e a brutalidade nazista foi total, com massacres de civis e o extermínio de grupos populacionais inteiros.

Uma possibilidade de análise do imperialismo nazista é ressaltar as conexões entre a tradição imperialista europeia, o Holocausto e a violência generalizada perpetrada pelos alemães no Leste Europeu. Nessa perspectiva, a ideologia nazista teria sido, acima de tudo, uma alteração de tempo e espaço de práticas corriqueiras em outros locais: a guerra colonial foi transferida da Ásia e da África para a Europa (como Francisco Franco já havia feito, aliás, na Espanha) e sua escala foi ampliada a níveis inimagináveis até então. Isso indicaria que a única novidade do nazismo foi trazer para o continente europeu as práticas colonialistas praticadas por todas as potências coloniais na Ásia e na África.

Tal hipótese é válida: ao dividir e colocar grupos e etnias uns contra os outros e ao exercer a violência em larga escala, os nazistas não faziam nada que franceses, britânicos ou belgas não tivessem feito no mundo colonial, ainda que em uma escala muito maior. Porém, essa busca da continuidade leva ao esquecimento do fato de que o plano nazista ia além de uma mera conquista colonial, pois buscava também o estabelecimento de uma nova ordem racial e política: o Estado totalitário imaginado pelos nazistas seria construído, primeiro, nos territórios ocupados. Essa proposta explicativa também esquece que o nazismo colocou em prática, ao menos na Europa Oriental, um sistema de dominação que não admitia intermediários e que, no lugar, estabeleceu uma forma de dominação direta, custosa e que levava quase inevitavelmente à escravidão e ao genocídio. Isso distanciava esse regime da prática europeia (e do seu próprio sistema de dominação na Europa Ocidental), de ter intermediários locais para exercer o poder.

O nazismo, nessa perspectiva, era imperialista e colonialista (ainda que radicalizado), mas seu sistema de poder era mais complexo do que isso. O próprio Holocausto não se encaixa em uma perspectiva colonial, já que os judeus não eram um povo a explorar em minas ou fábricas ou a exterminar para liberar terras para colonização, mas, dentro da cosmologia nazista, eram uma "ameaça cósmica" a ser eliminada. O nazismo, portanto, bebeu na tradição colonialista europeia, mas foi muito além dela.

Para a derrota dos impérios do Eixo foi novamente fundamental a mobilização dos recursos além-mar dos Aliados. Além dos imensos recursos econômicos mobilizados por britânicos, americanos e soviéticos na Ásia, na África e na América Latina, um grande número de soldados coloniais lutou nas forças aliadas. Só o Reino Unido, por exemplo, incorporou às suas forças 2,5 milhões de soldados vindos dos Domínios e um número equivalente da Índia, além de cerca de 400 mil africanos e caribenhos. O Exército francês, por sua vez, só continuou a existir após a derrota de 1940 graças à presença de centenas de milhares de soldados marroquinos, argelinos e da África Subsaariana. Os alemães e os japoneses também saquearam os territórios conquistados em busca de recursos econômicos e conseguiram recrutar neles soldados em número substancial, mas menos do que os Aliados.

De qualquer forma, em 1945, o sistema imperial centrado na Europa começou a se romper. A Alemanha, a Itália e o Japão foram derrotados e seus impérios passaram à administração dos Aliados. França, Bélgica e Holanda haviam sido ocupadas e a própria Grã-Bretanha, apesar de vencedora, estava endividada e exausta. Só restavam a União Soviética, militarmente forte mas economicamente debilitada, e os Estados Unidos, potência dominante. A descolonização do mundo, em 1945, não era uma certeza, mas se tornava cada vez mais provável.

A DESCOLONIZAÇÃO

Não é este o espaço para discutir o processo de descolonização afro-asiática. É conveniente destacar, contudo, alguns de seus traços essenciais, especialmente para evidenciar como foi possível que um sistema imperial que havia funcionado por tanto tempo tenha se desarticulado em pouco mais de 30 anos após o fim da Segunda Guerra Mundial.

Entender a descolonização implica recuperar o significado do imperialismo para os Estados e os povos envolvidos, e o delicado equilíbrio entre colonizadores e colonizados, lucros e prejuízos, vantagens e desvantagens. Esse equilíbrio sempre foi questionado e discutido, mas apenas quando ele se rompeu, após a Segunda Guerra Mundial, é que o imperialismo foi colocado em xeque.

O imperialismo se mantinha a partir de três pilares centrais: 1) o custo, essencialmente público, para a sua manutenção era, em termos globais, inferior aos lucros que ele proporcionava, sobretudo para os atores privados; 2) esse custo era baixo normalmente porque havia elites locais dos territórios e povos submetidos que serviam como intermediários na exploração das grandes massas; 3) havia um consenso geral, entre os colonizadores, de que o imperialismo era correto e deveria ser mantido.

Esses três pilares receberam um grande golpe após a Segunda Guerra Mundial, especialmente depois de as potências imperiais terem espalhado o discurso da liberdade e da autodeterminação, e prometido autonomia e até independência para conseguir o apoio de africanos e asiáticos para a vitória na guerra. Os movimentos anticoloniais, que sempre tinham existido, adquiriram uma nova força popular, e mesmo as elites dos países colonizados começaram a perceber que poderiam prescindir dos europeus. Para manter os impérios agora, seria necessário ceder mais aos colonizados ou aplicar uma política repressiva em larga escala que demandaria soldados e dinheiro, o que os europeus, falidos pela guerra, não tinham condições de bancar. O custo de manter um império, portanto, aumentou muito.

Ao mesmo tempo, aumentou o questionamento, nas próprias metrópoles, sobre a validade dos impérios. Para as massas populares europeias, as vantagens do império (econômicas, comerciais ou simbólicas) sempre haviam sido marginais e a demanda que elas reivindicavam, no contexto pós-1945, era por serviços sociais, saúde, educação e previdência, não por mais guerras e conflitos. As alterações no capitalismo global também começaram a tornar os impérios menos cruciais para o desenvolvimento econômico: as empresas começaram a transferir suas plantas para o Terceiro Mundo, utilizando as matérias-primas e atendendo aos mercados locais. Ficava claro que as remessas de lucros para as matrizes custavam menos e rendiam mais que o antigo imperialismo.

Por fim, as novas potências emergentes – Estados Unidos e União Soviética – se opunham ao antigo imperialismo. Os Estados Unidos sempre tinham sido contrários ao colonialismo, preferindo a dominação informal do mundo, e sua vitória na Segunda Guerra Mundial lhes deu a possibilidade de "herdar" antigos impérios europeus. Já a União Soviética, apesar de ter um império próprio, era apoiadora tradicional dos movimentos anticolonialistas, até como forma de enfraquecer as potências europeias. O fato de os dois impérios nascentes serem contra o colonialismo também ajudou a solapar o consenso que permitia a sua existência. Em 1956, quando a pressão conjunta soviético-americana forçou França e Inglaterra a recuarem do seu ataque ao canal de Suez, a nova realidade se tornou evidente.

O panorama mencionado nos últimos parágrafos é apenas um esboço de uma realidade multifacetada, mas o quadro geral pode ser estabelecido: a resistência ao imperialismo aumentou, e a disponibilidade de recursos e/ou vontade política e da sociedade para enfrentar essa resistência diminuiu, o que explica a rapidez com que os impérios se desagregaram. Contudo, é importante ressaltar que, ainda que o processo tenha sido mais ou menos violento conforme cada caso individual, nenhuma potência imperial abriu mão voluntariamente dos seus territórios. Uma coisa é reconhecer que a Era dos imperialismos poderia estar acabando; outra diferente era desistir do império sem lutar.

No caso da França, procurou-se fazer do império um instrumento para a recuperação nacional francesa e, nos anos 1950, 20% dos investimentos franceses no exterior seguiram para as colônias, que passaram a absorver 44% das exportações francesas. Os custos, porém, aumentaram, já que o aparato repressivo teve que ser reforçado e alguns poucos benefícios tiveram que ser concedidos aos colonizados. Só para a África do Norte francesa, de 1948 a 1951, a despesa financeira quadruplicou, o que gerou uma crescente divisão na sociedade francesa. Ficou evidente que as empresas que atuavam nas colônias e os colonos franceses ali residentes eram beneficiados, mas era a massa contribuinte em casa que pagavas as despesas: 9% do gasto público francês ia para o ultramar em 1952.

Nessa época, começaram a ser difundidas ideias como a do jornalista Raymond Cartier e do cientista político liberal Raymond Aron, que argumentavam que países como Suécia e Suíça eram ricos sem nunca terem tido colônias e que a Holanda, ao dar independência às suas, era agora mais rica do que antes. Argumentos com falhas evidentes, pois, como visto no capítulo "Funcionamento e mecanismos imperiais (séculos XIX e XX)", mesmo os países que não formaram impérios haviam sido beneficiados pelo circuito econômico e financeiro colonial, e a Holanda só abandonou as riquezas da Indonésia, após grande resistência.

A circulação de opiniões como essas, contudo, indica que a opinião pública, antes indiferente ou até simpática aos projetos coloniais, começava a mudar de atitude nos anos 1950. Ainda assim, é claro que havia os que defendiam a manutenção do império a qualquer custo, "em nome da glória nacional" e para garantir que a França continuasse a contar no mundo, superando o trauma da derrota de 1940.

A França, dessa forma, oscilou entre tentativas de agregar e cooptar, pela concessão de direitos, e a repressão mais brutal, como em Madagáscar em 1947, no Vietnã de 1946 a 1954, e na Argélia de 1954 a 1962. Na Argélia, combinaram-se a tortura e o assassinato com ações afirmativas para que os muçulmanos achassem vantajosa a associação com a França, como oferta de empregos na metrópole e a implantação de alguns serviços sociais. Houve também propostas de criar federações regionais (como na África e no Sudeste Asiático) ou uma União Francesa no lugar do Império, na qual todos seriam cidadãos franceses, com direitos iguais. Isso significaria, contudo, igualdade política e econômica entre africanos, asiáticos e europeus, o que era inaceitável para muitos franceses.

No caso britânico, é inegável que a bancarrota financeira de final dos anos 1940 colaborou para a decisão de Londres de se retirar da Índia, da Birmânia, do Ceilão e da Palestina. A retirada da África nos anos 1960 também foi estimulada pela incapacidade da Inglaterra em financiar custosas campanhas de repressão aos movimentos nacionalistas. O orçamento nacional estava comprometido com o pagamento das imensas dívidas da Segunda Guerra Mundial e com a manutenção de uma força militar que colaborasse, no contexto da Guerra Fria, na contenção da União Soviética.

De qualquer forma, os britânicos também tentaram reter ao menos parte do seu império colonial, combinando repressão e formas de cooptação. Na Malásia, por exemplo, Londres tentou criar uma União Malaia para administrar o alto nível de tensão gerado pela exploração nas minas de estanho e plantações de borracha, e pelas disputas entre chineses e malaios. A rebelião comunista na Malásia foi brutalmente reprimida, com prisões sem julgamento, realocação forçada de vilarejos, além de esforços para conquistar os corações e as mentes dos camponeses. A repressão e a melhora da situação econômica pelo *boom* das exportações de estanho e borracha permitiram aos britânicos recuperar o controle, a princípio, da região, até serem definitivamente derrotados em 1957. No Quênia, entre 1952 e 1960, os britânicos também se envolveram em uma brutal guerra contra o movimento pela independência do país.

Já na Índia, o Império Britânico havia acumulado, durante a guerra, dívidas morais e materiais com os indianos, os quais agora exigiam independência. Com o fim do conflito, a Grã-Bretanha percebeu que não tinha condições para uma repressão eficiente, então Londres propôs uma federação indiana para manter alguma influência local. Mas a proposta não foi em frente pela desconfiança existente entre hindus e muçulmanos, e pela insistência do líder nacionalista Nehru em criar um Estado central forte. Em 1947, os britânicos deixaram, após 400 anos, a Índia.

No tocante à descolonização, o padrão britânico parece ter sido flexível. Os britânicos fundaram a Comunidade Britânica de Nações (Commonwealth) para permitir a manutenção de alguns dos antigos vínculos imperiais e criaram, ao menos por algum tempo, uma "cidadania imperial" que permitiu, inclusive, a imigração de jamaicanos, indianos e outros povos para a Grã-Bretanha. Onde eles acharam lucrativo e possível a manutenção do *status quo* (como na África ou na Malásia), a força bruta foi empregada, ao menos até ela se revelar custosa demais. Ao final, o Império Britânico ficou reduzido a umas poucas ilhas e bases isoladas pelo mundo.

Os holandeses e os belgas também planejaram cooptar os colonizados com promessas de desenvolvimento econômico, maior liberdade e a construção de uma federação entre iguais, ao mesmo tempo que reforçaram a repressão, novamente sem sucesso. Os espanhóis concederam autonomia às suas colônias africanas, as quais se tornaram independentes, sem maiores lutas, nos anos 1960 a 1970.

A descolonização portuguesa foi das mais complexas, em boa medida pelo caráter do regime português de então. Desde os anos 1930, o Estado Novo português se ancorava em determinados princípios: autoritarismo, corporativismo, nacionalismo e colonialismo. Após 1945, os três primeiros tiveram que ser relativizados pela entrada de Portugal na Otan (Organização do Tratado do Atlântico Norte) e pelas próprias mudanças ocorridas no continente europeu após a Segunda Guerra Mundial. Restava a defesa do colonialismo, tema sensível, para além do salazarismo: Portugal sempre havia tido consciência da fraqueza da sua posição como potência colonial, sabia que seria insignificante no cenário global sem seu império.

Desde os anos 1920, o governo português se esforçou por ampliar a exploração das colônias e dirigir ao menos parte da emigração portuguesa para elas. A resistência dos africanos, contudo, cresceu após o fim da Segunda Guerra Mundial. O regime de Salazar tentou contemporizar e, ao mesmo tempo, manter o controle militar das colônias, com exceção da Guiné. Em 1973, 150 mil soldados portugueses estavam na África, consumindo parte substancial do orçamento do Estado e forçando, até mesmo, uma maciça emigração de jovens que não queriam lutar na guerra colonial. Ao final, contudo, a guerra africana – que se arrastou por 13 anos, de 1961 a 1974 – levou ao descontentamento generalizado na sociedade portuguesa e no Exército e à Revolução dos Cravos, em 1974. A vitória desta acabou por levar a uma retirada apressada das colônias e ao fim do que havia sido o primeiro império global da história.

Para concluir, resta mencionar o último dos antigos impérios a entrar em colapso, o Soviético, o qual conseguiu recuperar a maioria dos territórios perdidos pelo império dos czares, entre 1917 e 1945, e se expandir para o Leste Europeu e, posteriormente, para partes do Terceiro Mundo. Era um império diferente, tanto porque havia herdado a singularidade do Império Russo de mesclar expansão imperial com nacional, como porque era de um novo tipo: sem precisar de mercados e matérias-primas no exterior, foi um império criado e mantido mais por necessidades estratégicas e políticas do que econômicas.

A solução soviética para lidar com as diferenças entre povos e nações foi criar um Estado federativo composto de repúblicas nacionais ligadas ao centro por um partido único que recebia instruções do governo central, cujos membros estavam bem representados em nível local e regional. Cada república tinha hierarquias e sistemas próprios, mas só o partido fornecia chances concretas de evoluir dentro delas. Dentro de cada república, havia repúblicas menores e regiões autônomas, cujas fronteiras e *status* eram continuamente reajustados. Houve oscilações entre períodos de maior liberdade para as minorias e de maior repressão, mas a lógica geral era de dar autonomia às partes, mantendo-as conectadas pela estrutura do Estado central e do Partido Comunista.

Depois de 1945, o sistema soviético se expandiu através de um sistema duplo. Em alguns países da África e da Ásia, exercia-se uma influência indireta por meio da difusão da ideologia comunista e da ajuda militar, econômica e diplomática. Já na Europa Oriental e em partes da Ásia e da África, o sistema se espalhou pelo modelo da replicação: cada nova "democracia popular" reproduzia o mesmo modelo de Estado atuando ao lado do Partido Comunista, ambos orientados por Moscou. As elites locais se integravam ao sistema. A URSS criou, também, organismos de gerenciamento: Cominform, Comecon e o Pacto de Varsóvia.

Como aconteceu na própria URSS, esse sistema facilitaria a independência dos vários países do Leste Europeu e a implosão do Império Soviético entre 1989 e 1991: quando a crise econômica se combinou com uma política para enfraquecer o poder central, as forças regionais e os nacionalismos assumiram o comando e a antiga ordem entrou em colapso. Em 1991, os herdeiros dos czares também perdiam o seu império, gerando guerras e instabilidade na região que se estendem até os dias de hoje. A invasão russa da Ucrânia em 2022 pode ser vista, ao menos em parte, como um efeito retardado do colapso desse império 30 anos antes.

A MEMÓRIA DA ERA DOS IMPÉRIOS

Como as antigas potências imperiais recordam o seu passado imperial? Cada uma delas segue padrões específicos, conforme a conjuntura política e cultural de cada país: os holandeses e os britânicos, por exemplo, tendem a ser nostálgicos ou mesmo a sentir orgulho do seu passado, enquanto os belgas e os alemães tendem a ser mais críticos. Essas percepções também se alteram, obviamente, no decorrer do tempo.

Quase sempre, contudo, a memória oficial opera ao redor de dois aspectos: memória seletiva e ambiguidade. Certos aspectos do passado colonial são recordados – como o esforço europeu em acabar com o tráfico de escravos na África no final do século XIX ou a difusão de princípios democráticos, das ferrovias e da modernidade pelo mundo – e outros, como a exploração dos povos dominados ou a brutal repressão que os atingia, são relativizados ou esquecidos. Na Inglaterra, especialmente, é comum recordar as colônias "que deram certo", como o Canadá, a Austrália e os Estados Unidos, e esquecer as que continuam na pobreza, como a Nigéria ou o Paquistão. Também é comum a percepção de que a colonização europeia não teve implicações no desenvolvimento do mundo tropical: africanos, asiáticos e latino-americanos não teriam se desenvolvido em razão de seus próprios defeitos, e não pela exploração colonial.

> No antigo mundo colonial, a percepção geral é inversa e ressalta os males da conquista colonial: sem os europeus, o mundo africano e o asiático estariam melhores hoje. Alguns dos benefícios dos impérios podem ser até reconhecidos – como a estabilidade, a inserção do país no sistema global etc. –, mas a leitura é geralmente negativa. Há, contudo, diferenças substanciais justamente entre, como indicado, as colônias "que deram certo" ou não: é compreensível um canadense se orgulhar, apesar do crescente reconhecimento dos prejuízos dos povos nativos, da herança imperial britânica. O mesmo sentimento por parte de um cidadão de Gana ou de Belize, no entanto, faria menos sentido.

OS NOVOS IMPÉRIOS: UNIÃO EUROPEIA, RÚSSIA, CHINA E ESTADOS UNIDOS

Com exceção do Japão, não existe mais nenhum Estado que se assume como império nos dias atuais, mas há vários que poderiam se enquadrar nessa categoria. Os mais fortes candidatos ao título imperial no século XXI seriam a União Europeia, a Rússia, a China e os Estados Unidos. Os quatro reúnem recursos econômicos, políticos e militares em nível suficiente para serem as potências dominantes do século XXI, criando impérios que poderiam colaborar ou competir entre si.

A União Europeia é apresentada por muitos como "o primeiro império democrático da história", já que as novas "províncias" aderem de forma voluntária e podem até mesmo sair pacificamente, como a Grã-Bretanha em 2020. Além disso, ela não conquistaria pela força, mas pela atração da prosperidade e do progresso comuns. Essa é uma visão pouco crítica, pois as partes mais fracas da União são prejudicadas na relação com as mais fortes, como indicado pela Crise Grega de 2015. Além disso, a União Europeia exerce um poder colonial sobre a sua periferia africana e no Oriente Médio, absorvendo matérias-primas e alimentos a bom preço e controlando os mercados locais. De qualquer modo, o caráter pacífico da União Europeia se revelou uma desvantagem em um momento de crise do sistema internacional, como na invasão da Ucrânia de 2022. Sem um poder militar autônomo, os europeus voltaram ao abrigo militar dos Estados Unidos, e as perspectivas de um Império Europeu, ou mesmo de maior autonomia frente a Washington, se tornaram menos reais do que pareciam anos antes.

A Rússia acalenta pretensões imperiais antigas e uma nostalgia do império perdido em 1991. Se fosse viável, Moscou gostaria, provavelmente, de reconstruir o antigo Império Soviético. Ou até a era dos czares. Sendo isso impossível, a Rússia estabeleceu como meta mínima a manutenção da sua influência no antigo núcleo eslavo do império (Rússia, Ucrânia e Bielo-Rússia), no Cáucaso e, em colaboração com a China, na Ásia Central. A humilhação sofrida pela Rússia no seu momento de maior fraqueza, os anos 1990, reforçou a sua tendência a ver o Ocidente com desconfiança, pois ele se aproveitou dessa fraqueza para, por exemplo, avançar o território da Otan para dentro do antigo espaço soviético.

Esses objetivos mínimos, conforme se argumenta, visam manter a segurança russa, a posição internacional da Rússia como grande potência e seus sonhos imperiais de longo prazo: sem, especialmente, a Ucrânia, a Federação Russa teria que aceitar ser apenas um país como qualquer outro (ainda que imenso e com uma grande variedade de povos e etnias em seu interior), o que iria contra a própria forma com que o Estado russo se concebeu desde o início, ou seja, um império e não um Estado-nação.

A China é um caso diferente. Desde os anos 1980, ela vem crescendo a taxas impressionantes e já é hoje a segunda economia do planeta. Os avanços sociais na China também são grandes, e o país caminha a passos largos em infraestrutura, educação e ciência e tecnologia. As forças armadas da China estão se modernizando rapidamente. A Marinha chinesa, além disso, está se convertendo em uma marinha oceânica, a qual, com o tempo, poderá disputar o domínio dos mares com os Estados Unidos.

A ação internacional da China, ou a construção do novo Império Chinês, está, no presente momento, fortemente calcada no imperialismo indireto. A China se fortalece militarmente, controla com mão de ferro as suas minorias e permanece em estado de tensão com Taiwan, mas isso não é prioritário. A China se expande pelo mundo hoje através do comércio, da difusão da sua cultura e da sua disponibilidade para gastar recursos financeiros impressionantes em projetos de infraestrutura, como portos, aeroportos, estradas e ferrovias. Por meio de projetos como a *Belt and Road Initiative*, a China se propõe a unir a Eurásia e a África em um grande espaço econômico, com benefícios e prosperidade para todos.

É claro que todos esses projetos visam, em última instância, atender ao objetivo da China de se tornar uma nova superpotência e superar o trauma que ela sofreu durante a Era dos imperialismos: os chineses avaliam a humilhação sofrida entre os séculos XIX e XX como algo inaceitável e que nunca deve ser repetir. Nesse sentido, os territórios associados à China forneceriam alimentos, combustíveis e matérias-primas de que ela precisa para continuar a se modernizar, e receberiam produtos industrializados e capitais chineses. Uma relação colonial, obviamente, mas, ao menos no presente momento, a China se esforça para que a relação seja a mais benéfica possível para ambas as partes. Por agora, o que se pode afirmar com certeza é que o Império Chinês renasceu, ainda que em um regime comunista e, ao menos por enquanto, dentro do sistema montado pelos Estados Unidos desde 1945.

Os Estados Unidos são o império dominante desde 1945 e, por um breve período, após 1991, o único império na Terra. O país chegou ao final da Segunda Guerra Mundial com danos materiais e perdas populacionais relativamente pequenos. Suas forças armadas eram as maiores do mundo e dominavam todos os oceanos, com tropas controlando largas áreas da Europa e da Ásia e bases espalhadas pelo mundo todo. A sua economia era, de longe, a maior e mais desenvolvida do planeta e, financeiramente, os Estados Unidos eram os credores do mundo. Em 1945, com exceção do território sob o controle soviético, os Estados Unidos dominavam o planeta e utilizaram o seu poder para remodelá-lo à sua imagem: o modelo de imperialismo indireto que os Estados Unidos sempre tinham utilizado na América Latina, por exemplo, foi replicado para o mundo.

Dessa forma, a nova potência criou incentivos para que as elites do mundo capitalista cooperassem com o governo e as empresas americanas dentro de um sistema global liderado pelos EUA, mas no qual outros podiam sobreviver e prosperar. Não era mais necessário fazer guerras para conseguir minérios ou petróleo ou para garantir investimentos: tudo era passível de ser comprado e vendido, desde que fosse feito na moeda americana, o dólar, e seguindo as regras estadunidenses. A cultura americana também se espalhou pelo planeta, gerando simpatias para com os Estados Unidos e referenciais em comum para povos e elites no mundo todo. O sistema era restritivo o bastante para dar imensas vantagens para o capitalismo e o Estado americanos, mas aberto o suficiente para incorporar possíveis rivais ao modelo.

Para garantir o seu funcionamento, os Estados Unidos se tornaram a maior potência militar da história, sobretudo em termos aéreos e navais: seus fuzileiros navais e grupos de batalha de porta-aviões circulavam o mundo, garantindo a liberdade do comércio e contendo os inimigos do modelo, especialmente, em um contexto de Guerra Fria, os países e os movimentos comunistas. O Império Americano não procurou conquistar territórios, mas criou uma rede global de bases militares. Estão localizadas em pontos estratégicos, com pouco contato com o espaço ao redor, conectadas por aviões e sistemas de comunicação e capazes de projetar o poder americano em todo o mundo.

Os americanos davam grande liberdade às elites dos países sob sua hegemonia, mas utilizavam o seu poder para conter "excessos de independência": alianças foram formadas para fortalecer os laços com os aliados europeus, asiáticos e latino-americanos, e parcerias estabelecidas com países africanos ou da Oceania. Além disso, quando achou necessário, Washington utilizou seu poder militar e econômico para conter potenciais rivais e anular projetos nacionais que pudessem representar um risco aos interesses dos Estados Unidos. Basta recordar, a propósito, que, além de golpes patrocinados pelos serviços secretos americanos em todo o mundo e das várias guerras de que eles participaram – como as da Coreia (1950-1953), do Vietnã (1961-1975), do Golfo (1990-1991), do Iraque (2003-2011) e do Afeganistão (2001-2021) –, as intervenções americanas em outros países se contam às centenas. Líbano, Somália, Panamá, Haiti, República Dominicana, Bósnia ou Líbia são apenas exemplos dessa atividade incessante para manter o império funcionando.

O Império Americano, enfim, nunca foi colonialista, mas busca a hegemonia. Ele oferece grande autonomia às suas partes constituintes, no entanto, mantém ciosamente a sua prerrogativa de centro do sistema. Um modelo imperial que os Estados Unidos já utilizavam na América Latina desde o século XIX e que foi replicado no mundo após 1945, em parte através da justificativa da cruzada anticomunista contra a União Soviética. Um modelo econômico em termos de custos de manutenção pouco ostensivo, o que pode ajudar a explicar sua longevidade.

Nos dias atuais, os Estados Unidos já não são a principal economia do mundo e sua força militar encontra rivais, especialmente a China e a Rússia. Mesmo assim, é sem dúvida a potência hegemônica. O sistema imperial contemporâneo, apesar do desafio de potências emergentes como a China, continua funcionando seguindo as regras do *sistema americano*: ao mesmo tempo que o Império Americano é questionado por novos rivais, a própria competição ainda se dá nos termos definidos pelos Estados Unidos. O comércio mundial continua a ser feito em dólares, as vias comerciais do mundo permanecem controladas pela Marinha estadunidense e o centro do sistema financeiro global está em Nova York. Isso dá aos Estados Unidos um poder imenso, como o privilégio do dólar: os Estados Unidos podem financiar sem problemas a sua máquina militar e seu déficit público e comercial sem onerar em excesso seus cidadãos e suas empresas, já que podem ter acesso à moeda global simplesmente imprimindo-a.

O NOVO SISTEMA GLOBAL E O NOVO IMPERIALISMO

O imperialismo clássico, de final do século XIX e primeira metade do século XX, não existe mais. Praticamente não há territórios coloniais, com a exceção de pequenas ilhas ou enclaves espalhados pelo mundo, especialmente nas Antilhas e na Polinésia. O imperialismo indireto, contudo, continua existindo, e a dominação de povos e nações inteiras pelo poder das finanças, do comércio e das pressões militares e econômicas indiretas é uma realidade.

Em alguns casos, a descolonização limitou-se a uma simples troca de soberania. Houve a substituição de um poder político por outro e de uma elite europeia por uma local, mas os vínculos econômicos ficaram intactos, preservando a dependência de outras formas, e em benefício conjunto das antigas metrópoles e das novas elites locais emergentes. A África Subsaariana foi um dos lugares do globo onde isso aconteceu com mais frequência; até hoje os recursos minerais e agrícolas africanos continuam sendo explorados pelos europeus e, cada vez mais, pelos chineses.

Até mesmo os fluxos humanos, apesar de invertidos, acabam por confirmar a manutenção da dependência: antes, funcionários e colonos franceses ou belgas iam administrar ou colonizar o Congo, a Tunísia ou a Argélia; agora são os trabalhadores emigrados desses países que fazem serviços humildes na Europa. Também na América Latina, na África, no sul da Ásia e no Oriente Médio, todos os esforços para criar projetos autônomos de desenvolvimento nacional foram sistematicamente bloqueados e derrotados, e isso aconteceu, em boa medida, pelas heranças da Era dos impérios: as potências dominantes preferem que a situação semicolonial seja mantida e as próprias elites locais aceitam essa situação, pois elas lucram ao serem as administradoras locais dos impérios. Apenas o Extremo Oriente (China, Coreia, Malásia etc.) tem conseguido romper com essa herança e criado um sistema econômico diferente, o qual busca o desenvolvimento nacional.

Os impérios deixaram de ser assim nomeados e a dominação se tornou mais sutil, mas o imperialismo continua a existir. Os impérios criados no longo século XIX desapareceram, mas os seus efeitos e heranças continuam vivos até os dias de hoje.

Considerações finais

O império sempre foi a solução para um problema: administrar a conquista, por um Estado, de terras e homens que não era possível integrar na totalidade no núcleo original. O império era a resposta para lidar com a diversidade de culturas, etnias e povos que passavam para o domínio de um Estado, e para garantir que as novas conquistas fossem vantajosas para o conquistador. Como esse problema está sempre presente na história, não espanta que impérios sejam uma constante ao longo do tempo, ainda que diferentes na forma e na organização. Suas configurações e reconfigurações são contínuas. O que as pessoas entendiam por "império" não era exatamente o mesmo na França medieval, na China da dinastia Ming ou na Espanha dos Habsburgo. Ainda nesse sentido, os impérios também não podem ser classificados como intrinsecamente maus ou bons. Em alguns casos, eles foram simplesmente exploradores implacáveis; em outros, exerceram um poder estabilizador, impedindo a exacerbação de rivalidades locais, lutas intestinas e conflitos entre nações e Estados. O poder imperial não implicava igualdade ou democracia, mas muitas vezes significou estabilidade e controle das tensões: o colapso de um império frequentemente levou a mais violência do que a que se verificava no seu auge, como indicam a Europa Central após o fim do Império Austro-Húngaro, em 1918, ou o antigo território soviético depois do colapso da URSS, em 1991.

Um diferencial da Era dos imperialismos foi a sua disseminação global. Os impérios da Idade Moderna estavam centrados no continente americano e no controle dos mares. Nas décadas finais do século XIX, contudo, não apenas territórios dominados desde o século XVI, mas também a costa de Angola, a Sibéria, as Antilhas e a Índia tiveram a relação colonial redefinida e reforçada, assim como novos conjuntos históricos ou geográficos que não tinham sido colônias – como o Império Otomano, a China e o interior da África – passaram a fazer parte do universo de povos e territórios dominados.

O imperialismo dos séculos XIX e XX tinha por função, evidentemente, garantir os recursos e as condições para que as economias e os Estados europeus continuassem a crescer. Dentro das demandas do capitalismo da época, começou a ser fundamental ter acesso a matérias-primas, terras para colonização, locais para investimentos e mercados. Ao mesmo tempo, a conquista das colônias tinha um aspecto simbólico, de comprovação da força de um dado povo, nação ou Estado. Não se entende o longo século XIX sem pensar nos vários "ismos" que o marcaram: capitalismo, nacionalismo e, obviamente, imperialismo.

Esse domínio, contudo, não foi o mesmo em todos os lugares. Houve colônias de vários tipos e modelos: protetorados, postos militares, Estados associados e outras formas de organização imperial, com imensas variações no tempo e no espaço. Em cada um dos sistemas implantados pelos europeus (e, depois, por americanos e japoneses) no mundo, havia grupos beneficiados e prejudicados. Certos grupos sociais ou étnicos na África, na América Latina ou no Oriente Médio tiveram (e ainda têm) vantagens em se associar com poderes externos, enquanto a nostalgia pelo império em locais como o Canadá ou a Austrália é compreensível, pois foram países nascidos dentro do imperialismo e que, de certo modo, se beneficiaram dele. A mesma nostalgia na África ou na Índia, por sua vez, causaria, no mínimo, estranhamento.

Em linhas gerais, o imperialismo foi uma vantagem, ainda que relativa, para os Estados que o praticaram. O nível de vida dos europeus só se ampliou realmente a partir da Segunda Guerra Mundial e do fim dos impérios, quando se construíram os Estados de Bem-Estar Social. Até então, os impérios eram lucrativos para os ricos e para os que participavam da sua administração, enquanto as massas populares tinham, no máximo, benefícios menores, como o acesso a certos produtos estrangeiros e o sentimento de serem superiores. Por outro lado, é razoável assumir que a exploração colonial ampliou as riquezas da Europa e forneceu as bases materiais para que a distribuição mais equitativa pudesse se dar, em um período posterior. A exploração colonial permitiu à Europa chegar à Revolução Industrial, se expandir pelo mundo e canalizar ainda mais riquezas para si, sendo impossível esquecer o colonialismo quando pensamos nas diferenças de riqueza entre o Primeiro e o Terceiro Mundo.

É difícil estabelecer com precisão quanto o imperialismo da Era das grandes navegações colaborou para a Revolução Industrial na Europa (e, portanto, para o novo imperialismo posterior), qual porcentagem da riqueza europeia veio da dominação colonial ou quanto os salários e o nível de vida dos europeus cresceram pela exploração dos outros. Mas é razoável afirmar que, sem a criação dos seus impérios pelo mundo na Era Moderna, a Europa não teria sido capaz de chegar à Revolução Industrial e que, sem ela, os europeus provavelmente não teriam tido nem os recursos nem o interesse de colonizar o mundo, explorando-o.

Quanto aos povos dominados, não só eles foram humilhados e colocados em posição subalterna, mas também suas economias e sociedades foram remodeladas para atender aos interesses dos colonizadores. É impossível saber se a Índia, a China ou o Senegal teriam feito algo semelhante à Revolução Industrial se os europeus nunca tivessem chegado às suas fronteiras. O que não pode ser negado, contudo, é que, a partir do momento em que eles foram colocados sob a dominação imperial, quaisquer chances de um desenvolvimento autônomo desapareceram. Aprofundaram-se as desigualdades e criou-se uma situação de dependência ainda não resolvida. Essa superação da herança colonial talvez seja o grande desafio, se o objetivo é criar uma sociedade global mais aberta e igualitária no século XXI.

Sugestões de leitura

Há uma incontável bibliografia, em todos os idiomas, sobre o imperialismo em suas múltiplas facetas e tempo. Na listagem a seguir, estão apenas algumas indicações de leituras, em português, que podem facilitar o aprofundamento do discutido neste livro.

ANGELL, Norman. *A grande ilusão*. São Paulo: Imprensa do Estado; Brasília: Editora da UnB, 2002.
ARON, Raymond. *República imperial*: os Estados Unidos no mundo do pós-guerra. Rio de Janeiro: Zahar, 1975.
BERTONHA, João Fábio. *Os italianos*. São Paulo: Contexto, 2005.
_____. *Geopolítica e relações internacionais na virada do século XXI*: uma história do tempo presente. Maringá: Eduem, 2006.
_____. *Rússia – ascensão e queda de um império*: uma história geopolítica e militar da Rússia, dos czares ao século XXI. Curitiba: Juruá, 2009.
_____. *Geopolítica, defesa e desenvolvimento*: a primeira década do século XXI na América Latina e no mundo. Maringá: Eduem, 2011a.
_____. *A Primeira Guerra Mundial*: o conflito que mudou o mundo (1914-1918). Maringá: Eduem, 2011b.
_____. *Os impérios e suas guerras*: relações internacionais contemporâneas (séculos XIX e XX). São Paulo: Pontocom, 2017.
_____. *A Legião Parini*: o regime fascista, os emigrantes italianos e a Guerra da Etiópia (1935-1936). Maringá: Eduem, 2021a.
_____. *Os canadenses*. São Paulo: Contexto, 2021b.
_____; ATHAIDES, Rafael. *O nazismo e as comunidades alemãs no exterior*: o caso da América Latina. História, historiografia e guia de referências bibliográficas (1932-2020). Maringá: Edições Diálogos, 2021.
BRUNSCHWIG, Henri. *A partilha da África Negra*. São Paulo: Perspectiva, 2015.
BRUIT, Héctor Hernán. *O Imperialismo*. São Paulo: Atual; Campinas: Editora da Unicamp, 1988.
BURBANK, Jane; COOPER, Frederick. *Impérios*: uma nova versão da História universal. São Paulo: Crítica, 2019.
CROSBY, Alfred W. *Imperialismo ecológico*: a expansão biológica da Europa 900-1900. São Paulo: Companhia das Letras, 2011.
DORÉ, Andrea; LIMA, Luis Filipe Silvério. *Facetas do império na História*: conceitos e métodos. São Paulo: Hucitec, 2008.
FERRO, Marc. *História das colonizações*: das conquistas às independências – séculos XIII a XX. São Paulo: Companhia das Letras, 2002.

FERGUSON, Niall. *Império*: como os britânicos construíram o mundo moderno. São Paulo: Planeta do Brasil, 2010.

_____. *A colonização explicada a todos*. São Paulo: Editora da Unesp, 2017.

FRAGOSO, João et al. *O Antigo Regime nos trópicos*: a dinâmica imperial portuguesa (séculos XVI-XVIII). Rio de Janeiro: Civilização Brasileira, 2001.

HOBSBAWM, Eric J. *A era das revoluções (1789-1848)*. São Paulo: Paz e Terra, 2015a.

_____. *A era do capital (1848-1875)*. São Paulo: Paz e Terra, 2015b.

KENNEDY, Paul. *Ascensão e queda das grandes potências:* transformação econômica e conflito militar de 1500 a 2000. Rio de Janeiro: Campus, 1989.

KHANNA, Parag. *O Segundo Mundo:* impérios e influências na nova ordem global. Rio de Janeiro: Intrínseca, 2008

KISSINGER, Henry. *Diplomacia*. Rio de Janeiro: Francisco Alves, 1999.

_____. *Sobre a China*. São Paulo: Companhia das Letras, 2011.

LENIN, Vladmir I. *O imperialismo*: estágio superior do capitalismo. São Paulo: Boitempo, 2021.

LESSA, Antonio Carlos. *História das relações internacionais:* a Pax Britannica e o mundo do século XIX. Petrópolis: Vozes, 2005.

LOSURDO, Domenico. *Colonialismo e luta anticolonial*: desafios da Revolução no século XXI. São Paulo: Boitempo, 2022.

SAID, Edward W. *Cultura e imperialismo*. São Paulo: Companhia das Letras, 2011.

TEIXEIRA DA SILVA, Francisco Carlos; CABRAL, Ricardo Pereira; MUNHOZ, Sidnei J. *Impérios na História*. Rio de Janeiro: Elsevier, 2009.

WALLERSTEIN, Immanuel. *O sistema mundial moderno*. Porto: Afrontamentos, 1974, 3 v.

GRÁFICA PAYM
Tel. [11] 4392-3344
paym@graficapaym.com.br